Vorwort

Was ist Die neue Power-Grammatik Italienisch?
Die neue Power Grammatik Italienisch bietet ein übersichtliches, intensives Lern- und Übungsprogramm. Sie basiert auf dem Prinzip: Lernen – Üben – Testen.

Für wen ist Die neue Power-Grammatik Italienisch gedacht?
Die neue Power-Grammatik Italienisch kann im Selbststudium oder auch kursbegleitend eingesetzt werden. Sie richtet sich an Lernende im Anfängerbereich, die die italienische Grundgrammatik aufarbeiten wollen. Außerdem eignet sich das Buch ideal zur Wiederholung und Auffrischung. Je nach Bedarf ist es möglich, gewünschte Kapitel oder zusammenhängende Themen auszuwählen, oder das ganze Buch systematisch durchzuarbeiten.

Wie ist Die neue Power-Grammatik Italienisch aufgebaut?
Das Buch besteht aus 64 Kapiteln, die alle wichtigen Themen der italienischen Grammatik umfassen und leicht und verständlich abhandeln. Die Strukturen der italienischen Grundgrammatik werden dabei aufbauend vermittelt. Komplexere Themen *(Pronomen, passato prossimo, imperfetto)* sind über mehrere Kapitel verteilt.
Die Lerneinheiten sind klein und überschaubar. Jede Lektion ist auf zwei Seiten verteilt.
Auf der linken Seite wird die Grammatik durch klare, knappe Erklärungen und viele Beispiele erläutert. Der Einstieg in das Grammatikthema erfolgt über einen Cartoon, der den Gebrauch des Grammatikthemas veranschaulicht.
Zum leichteren Verständnis wird auf Unterschiede zur deutschen Sprache gesondert hingewiesen.
Die rechte Seite enthält in der Regel vier Übungen, die das Grammatikthema des Kapitels vertiefen. Die Übungen sind nach Schwierigkeitsgrad geordnet, anspruchsvollere stehen am Ende des Kapitels.
Nach Abschluss einzelner Themenbereiche erfolgt ein Test zur Kontrolle des Lernfortschritts. Der Anhang enthält den Lösungsschlüssel zu den Übungen, eine Liste der wichtigsten unregelmäßigen Verben, das Register und das Glossar des Übungswortschatzes.

Die Autorin und die Redaktion wünschen Ihnen viel Erfolg!

Inhalt

1 Substantive mit Endung auf *-o, -a, -e*
Amore, pizza e cappuccino . . . – Liebe, Pizza und Cappuccino . . . 10

2 Substantive: Besonderheiten von Genus und Pluralbildung
Due caffè! – Zwei Kaffee! 12

3 Bestimmte Artikel *(il, lo, la, l', i, gli, le)*
Prima l'antipasto, poi la zuppa e poi . . . – Erst die Vorspeise, dann die Suppe und dann . . . 14

4 Bestimmte Artikel: Gebrauch
Signora Neri, Le presento la signora Bianchi. – Frau Neri, ich möchte Ihnen
Frau Bianchi vorstellen. 16

5 Unbestimmte Artikel *(un, uno, una, un')*
Una bottiglia di acqua minerale! – Eine Flasche Mineralwasser! 18

6 *Essere* und *avere* (Präsens)
È così romantico! – Es ist so romantisch! 20

7 *C'è* und *ci sono*
Se c'è una bella donna . . . – Wenn eine schöne Frau da ist . . . 22

8 Präsens der regelmäßigen Verben *(-are, -ere, -ire)*
Gigi vede il tennis sempre così. – Gigi schaut sich Tennis immer so an. 24

9 Modalverben *volere, dovere, potere* und *sapere* (Präsens)
Possiamo giocare a poker! – Wir könnten Poker spielen! 26

10 Unregelmäßige Verben (Präsens)
Vieni domani? – Kommst du morgen? 28

11 Präsens der reflexiven und reziproken Verben *(-arsi, -ersi, -irsi)*
Si chiamano Luca e Giovanna. – Sie heißen Luca und Giovanna. 30

12 Die *si*-Konstruktion
Si devono solo fare alcuni lavoretti! – Man muss nur ein paar kleine
Reparaturen durchführen! 32

Test 1: Kapitel 1–12 34

Inhalt

13 Adjektive
Il gelato italiano è speciale. – Das italienische Eis ist etwas Besonderes. 36

14 *Bello* und *buono*
Che bel quadro! – Was für ein schönes Bild! 38

15 Adverbien: Bildung und eigene Formen
Finalmente soli! – Endlich allein! 40

16 Adjektiv oder Adverb?
A mio padre piace vivere pericolosamente. – Mein Vater liebt das gefährliche Leben. 42

17 Präpositionen *in* und *a*
Vogliamo ritornare in Francia? – Wollen wir wieder nach Frankreich fahren? 44

18 Präpositionen *di* und *da*
Torno da mia madre! – Ich gehe zu meiner Mutter zurück! 46

19 Präpositionen *con, su, per, tra / fra*
Per te sono pronto a tutto! – Für dich bin ich zu allem bereit! 48

20 Grund- und Ordnungszahlen
È la decima volta che ci arriva questa offerta speciale. –
Zum zehnten Mal bekommen wir dieses Sonderangebot. 50

21 Uhrzeit und Datum
Sono le sette e venti. – Es ist zwanzig nach sieben. 52

22 Teilungsartikel bei unbestimmten Mengenangaben
Vorrei delle mele . . . – Ich möchte Äpfel . . . 54

23 Direkte Objektpronomen *(mi, me, ti, te ...)*
Allora mi ami! – Also liebst du mich! 56

24 Indirekte Objektpronomen *(mi, a me, ti, a te ...)*
Ti porto una bibita. – Ich bringe dir ein Getränk. 58

25 Zusammengesetzte Objektpronomen *(me lo, te lo, glielo, gliela ...)*
Gliela prendo. – Ich hole sie Ihnen. 60

26 Das Verb *piacere (mi piace / mi piacciono)*
Ti piace? – Gefällt es dir? 62

Inhalt

27 Verneinung
Non respiro. – Ich atme nicht.   64

28 Mehrfache Verneinung
Non si sente assolutamente niente. – Man spürt absolut nichts.   66

Test 2: Kapitel 13–28   68

29 Gebrauch von *ci*
Non ci credo proprio! – Ich glaube überhaupt nicht daran!   70

30 Gebrauch von *ne*
Anche io ne voglio uno! – Ich will auch eins!   72

31 *Questo* (Adjektiv und Pronomen)
Chi è questa? – Wer ist die hier?   74

32 *Quello* (Adjektiv und Pronomen)
Quella è mia sorella! – Die da ist meine Schwester!   76

33 Passato prossimo: Formen
Forse i bambini hanno tolto un pezzo . . . – Vielleicht haben die Kinder etwas abmontiert . . .   78

34 Passato prossimo: *avere* oder *essere*?
Sono tornata! – Ich bin zurück!   80

35 Passato prossimo mit den Pronomen *lo, la, li, le, ne*
Le ho trovate! – Ich habe sie gefunden!   82

36 Transitiver / Intransitiver Gebrauch einiger Verben im passato prossimo
Il numero con i leoni è già cominciato? – Hat die Nummer mit den Löwen
schon angefangen?   84

37 Komparativ der Adjektive
Lui è più giovane di lei! – Er ist jünger als sie!   86

38 Superlativ der Adjektive
Il fatto è segretissimo. – Die Sache ist streng geheim.   88

39 Possessivadjektive und -pronomen
Il mio cane è un tesoro! – Mein Hund ist ein Schatz!   90

Inhalt

40 Possessivadjektive mit Verwandtschaftsbezeichnungen
Mia moglie e i miei figli sono andati al mare. –
Meine Frau und meine Kinder sind ans Meer gefahren.   92

41 Indefinitadjektive und -pronomen
Hai mangiato tutti i miei cioccolatini! – Du hast meine ganzen Pralinen aufgegessen!   94

42 Fragewörter *(chi?, quale?, quanto? . . .)*
E lei, chi è? – Und wer ist sie?   96

Test 3: Kapitel 29–42   98

43 Imperfetto: Formen
Tu non c'eri. – Du warst nicht da.   100

44 Imperfetto und passato prossimo: Gebrauch
Mi regalava sempre rose rosse. – Er hat mir immer rote Rosen geschenkt.   102

45 Modalverben, *sapere* und *conoscere* im imperfetto und passato prossimo
Lo sapevi? – Wusstest du das?   104

46 Relativpronomen: *che* oder *cui*?
È una ricetta che ho trovato in una rivista. – Es ist ein Rezept, das ich in einer
Zeitschrift gefunden habe.   106

47 Trapassato prossimo
Ti avevo detto di chiedere un dépliant dell'albergo! – Ich hatte dich gebeten,
nach einem Prospekt von dem Hotel zu fragen!   108

48 Condizionale presente: Formen
Potresti comprarne una nuova! – Du könntest ein neues kaufen!   110

49 Condizionale presente: Gebrauch
Vorrei tanto sapere . . . – Ich würde so gerne wissen . . .   112

50 Condizionale passato
Gli sarebbe piaciuto frequentare l'Accademia di Belle Arti. –
Er hätte gern die Kunstakademie besucht.   114

51 Imperativ *(tu, Lei, voi)*
Chiudi la finestra! – Schließe das Fenster!   116

Inhalt

52 Stellung der Pronomen beim Imperativ
Fammi chiamare il tecnico! – Lass mich den Fachmann anrufen!   118

53 Verneinter Imperativ *(tu, Lei, voi)*
Non essere pessimista! – Sei nicht pessimistisch!   120

Test 4: Kapitel 43–53   122

54 Futuro semplice
Saranno delle vacanze stupende! – Es wird ein toller Urlaub werden!   124

55 Futuro anteriore
Le avrà prese il cane. – Der Hund wird sie genommen haben.   126

56 *Stare* + Gerundium und *stare per* + Infinitiv
Stiamo installando il computer nuovo. – Wir installieren gerade den neuen Computer.   128

57 Congiuntivo presente: Formen
Ora è necessario che Lei alleni le gambe. – Jetzt müssen Sie Ihre Beine trainieren.   130

58 Congiuntivo presente: Gebrauch
Credo che Luigino attraversi una fase espressiva. – Ich glaube, Luigino durchläuft
eine expressive Phase.   132

59 Congiuntivo passato
Penso che ti abbiano dato i biglietti sbagliati. – Ich denke, dass man dir
die falschen Karten gegeben hat.   134

60 Congiuntivo imperfetto
Pensavo che ti piacesse il pesce . . . – Ich dachte, du magst Fisch . . .   136

61 Congiuntivo trapassato
Pensavo che se ne fosse dimenticato. – Ich dachte, er hätte es vergessen.   138

62 Bedingungssätze
Se fossi ricco, studierei enologia. – Wenn ich reich wäre, würde ich Weinkunde studieren.   140

63 Konjunktionen
Lo stavo riempiendo quando è squillato il telefono. – Ich füllte sie gerade auf,
als das Telefon klingelte.   142

Inhalt

64 Das Passiv
Noi non siamo stati invitati. – Wir sind nicht eingeladen worden. 144

Test 5: Kapitel 54–64 146

Lösungsschlüssel 148

Liste unregelmäßiger Verben 162

Register 172

Glossar 178

1 Amore, pizza e cappuccino . . .
Liebe, Pizza und Cappuccino . . .

Substantive mit Endung auf -o, -a, -e

REGEL Im Italienischen sind Substantive entweder männlich (m) oder weiblich (w) und unterscheiden sich durch jeweils andere Endungen.

➡ Substantive mit Endung auf **-o** sind in der Regel männlich und enden im Plural auf **-i**.

cappuccin**o** ➡ cappuccin**i**   *Cappuccino*
aperitiv**o** ➡ aperitiv**i**   *Aperitif*

➡ Substantive mit Endung auf **-a** sind in der Regel weiblich und enden im Plural auf **-e**.

pizz**a** ➡ pizz**e**   *Pizza*
oper**a** ➡ oper**e**   *Oper / Werk*

	Singular		Plural
männlich	-o	➡	-i
weiblich	-a	➡	-e
männlich oder weiblich	-e	➡	-i

➡ Substantive mit Endung auf **-e** können sowohl männlich als auch weiblich sein und enden im Plural auf **-i**.

amor**e** (m) ➡ amor**i**   *Liebe*
nott**e** (w) ➡ nott**i**   *Nacht*

Substantive mit Endung auf -o, -a, -e

1. Entscheiden Sie, ob die Wörter männlich oder weiblich sind. Achten Sie auf die Wörter mit Endung auf -e. Benutzen Sie dazu das Glossar.

carne bicicletta libro
acqua birra vino
tramezzino spumante
casa pensione ragazzo
mare

männlich	weiblich

2. Kreuzen Sie die richtige Pluralform an.

a piatto — piatte — ☒ piatti
b treno — trene — ☒ treni
c insalata — ☒ insalate — insalati
d ristorante — ☒ ristoranti — ristoranta
e finestra — finestri — ☒ finestre

f pomodoro — ☒ pomodori — pomodora
g bicchiere — ☒ bicchieri — bicchiera
h colazione — colaziono — ☒ colazioni
i lampada — ☒ lampade — lampadi
j televisione — televisiona — ☒ televisioni

3. Suchen Sie im Kasten die italienischen Bezeichnungen – waagerecht oder senkrecht – für die unten stehenden deutschen Wörter und bilden Sie die entsprechende Pluralform.

Fisch	Flasche	Student	Zitrone	Frau	Tag	Hörnchen	Person

Plural

p	b	o	t	t	i	g	l	i	a	c
e	p	e	r	s	o	n	a	t	l	o
s	t	a	v	o	h	i	s	t	i	r
c	s	i	g	n	o	r	a	p	m	n
e	p	i	a	r	a	v	i	d	o	e
s	t	u	d	e	n	t	e	s	n	t
e	b	a	g	i	o	r	n	o	e	t
t	b	a	f	a	r	a	c	h	i	o

4. Vervollständigen Sie die Tabelle und geben Sie an, ob die Wörter männlich (m) oder weiblich (w) sind.

Singular	Plural	m	w
lingua			☒
prenotazione			☒
	polli	☒	
	canzoni		☒
lavoro		☒	
ospedale		☒	
	antipasti	☒	
	strade		☒

2 Due caffè!
Zwei Kaffee!

Substantive: Besonderheiten von Genus und Pluralbildung

REGEL Nicht alle Substantive sind regelmäßig. Einige Substantive weisen Besonderheiten im Genus und bei der Pluralbildung auf.

	Singular	Plural	
Substantive mit Betonung auf der letzten Silbe besitzen im Singular und Plural die gleiche Form.	caffè (m) città (w)	caffè città	*Kaffee / Kaffee* *Stadt / Städte*
Substantive, die mit einem Konsonant enden, sind in der Regel männlich und bleiben im Plural unverändert.	bar (m) film (m)	bar film	*Bar / Bars* *Film / Filme*
Einige Substantive auf **-o** sind weiblich und besitzen im Singular und Plural die gleiche Form.	foto (w) auto (w)	foto auto	*Foto / Fotos* *Auto / Autos*
Substantive auf **-ma** sind männlich und enden im Plural auf **-i**. *aber:*	problema (m) tema (m) cinema (m)	problemi temi cinema	*Problem / Probleme* *Thema / Themen* *Kino / Kinos*
Substantive auf **-ista** sind männlich oder weiblich und enden im Plural auf **-i** bzw. auf **-e**.	turista (m/w)	turisti (m) turiste (w)	*Tourist / Touristen* *Touristin / Touristinnen*
Weibliche Substantive auf **-ca** und **-ga** enden im Plural auf **-che** und **-ghe**.	domenica (w) collega (w)	domeniche colleghe	*Sonntag / Sonntage* *Kollegin / Kolleginnen*
Männliche Substantive auf **-co** und **-go**: Wenn die vorletzte Silbe betont ist, enden diese Substantive in der Regel im Plural auf **-chi** und **-ghi**. *aber:* Wenn die drittletzte Silbe betont ist, enden sie in der Regel im Plural auf **-ci** und **-gi**. *aber:*	tedesco (m) albergo (m) amico (m) medico (m) psicologo (m) dialogo (m)	tedeschi alberghi amici medici psicologi dialoghi	*Deutscher / Deutsche* *Hotel / Hotels* *Freund / Freunde* *Arzt / Ärzte* *Psychologe / Psychologen* *Dialog / Dialoge*

Substantive: Besonderheiten von Genus und Pluralbildung 2

1. Tragen Sie die Wörter in die passende Spalte ein. Achtung! Einige Wörter können mehrmals eingetragen werden.

problemi   film   dentista   dramma   albergo   amici   città   auto   moto   amiche

	Singular	Plural
männlich		
weiblich		

2. Männlich oder weiblich? Welches Wort passt nicht in die Reihe?
a foto – problema – radio – domenica – sedia
b computer – medico – auto – amico – tema
c università – cinema – autobus – bar – schema
d regista – artista – farmacista – cameriera – giornalista

3. Jedes Wortpaar (Singular / Plural) enthält einen Fehler. Entdecken und korrigieren Sie ihn.
a sport   sporti   f turisto   turisti
b città   cittè   g cuocho   cuochi
c amico   amichi   h critico   critichi
d problemo   problemi   i parcho   parchi
e fota   foto   j cinema   cineme

4. Bilden Sie zehn Substantive aus den unten stehenden Wortfragmenten und setzen Sie sie in die Pluralform.

Singular	Plural
caffè	

13

3 Prima l'antipasto, poi la zuppa e poi ...
Erst die Vorspeise, dann die Suppe und dann ...

Bestimmte Artikel (il, lo, la, l', i, gli, le)

Substantive werden normalerweise von bestimmten oder unbestimmten (→ Kap. 5) Artikeln begleitet.
Die bestimmten Artikel **il**, **lo**, **la**, **l'**, **i**, **gli**, **le** werden verwendet, um sich auf bekannte oder bereits erwähnte Dinge zu beziehen. Sie entsprechen den deutschen Artikeln *der, die, das*. Die Formen der bestimmten Artikel richten sich nach dem Geschlecht und dem Anfangsbuchstaben des nachfolgenden Wortes.

Männlich	Sing.	Plur.		
vor Konsonant stehen	**il**	**i**	il **p**ollo ➡ i polli il **l**etto ➡ i letti	*das Huhn / die Hühner* *das Bett / die Betten*
vor Vokal stehen	**l'**	**gli**	l'**a**ntipasto ➡ gli antipasti l'**o**mbrello ➡ gli ombrelli	*die Vorspeise / die Vorspeisen* *der Regenschirm / die Regenschirme*
vor **s** + Konsonant, **z**, **ps**, **gn** und **y** stehen	**lo**	**gli**	lo **s**tudente ➡ gli studenti lo **z**io ➡ gli zii lo **y**ogurt ➡ gli yogurt	*der Student / die Studenten* *der Onkel / die Onkel* *der Joghurt / die Joghurts*

Weiblich	Sing.	Plur.		
vor Konsonant stehen	**la**	**le**	la **z**uppa ➡ le zuppe la **p**orta ➡ le porte	*die Suppe / die Suppen* *die Tür / die Türen*
vor Vokal stehen	**l'**	**le**	l'**o**ra ➡ le ore l'**a**mica ➡ le amiche	*die Uhrzeit / die Uhrzeiten* *die Freundin / die Freundinnen*

Bestimmte Artikel (*il, lo, la, l', i, gli, le*) 3

1. Ordnen Sie die Wörter in die richtige Spalte ein.

| macchina | mobili | specchio | ascensore | spettacoli | uffici | telefonate |
| aranciate | orologio | psicologo | cappotto | giacca | mare | biglietti |

il	lo	la	l'	i	gli	le

2. Vervollständigen Sie folgendes Schema.

Singular	Plural
la sedia	___ sedie
___ yogurt	gli yogurt
___ aeroporto	gli aeroporti
il libro	___ libri

Singular	Plural
l'ospedale	___ ospedali
___ vaso	i vasi
___ auto	le auto
lo scandalo	___ scandali

3. Wählen Sie den richtigen Artikel.

a Mio padre legge sempre l' / il giornale dopo pranzo.
b Lo / Il sport mi piace moltissimo.
c Giorgio ama le / l'opera.
d Teresa fa sempre la / le spesa al mercato.
e Gli / I giovani vestono in modo sportivo.
f Ti piacciono lo / gli gnocchi al pesto?
g Veramente preferisco le / i lasagne.
h A Roberta non piacciono gli / i quadri di Picasso.

4. Verbinden Sie die linke mit der rechten Spalte, ergänzen Sie die Wörter mit dem dazu passenden Artikel und bilden Sie dann den Plural.

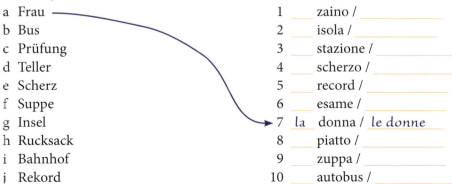

a Frau
b Bus
c Prüfung
d Teller
e Scherz
f Suppe
g Insel
h Rucksack
i Bahnhof
j Rekord

1 ___ zaino / ___
2 ___ isola / ___
3 ___ stazione / ___
4 ___ scherzo / ___
5 ___ record / ___
6 ___ esame / ___
7 la donna / le donne
8 ___ piatto / ___
9 ___ zuppa / ___
10 ___ autobus / ___

4 Signora Neri, Le presento la signora Bianchi.
Frau Neri, ich möchte Ihnen Frau Bianchi vorstellen.

Bestimmte Artikel: Gebrauch

 Der bestimmte Artikel begleitet Substantive und wird verwendet, um sich auf bekannte oder bereits erwähnte Dinge zu beziehen. Im Gegensatz zum Deutschen wird der bestimmte Artikel im Italienischen auch in folgenden Fällen gebraucht:

- bei signore, signora, signorina , vor Titel- und Berufsbezeichnungen
  la signora Bianchi, il signor / dottor Vitale   *Frau Bianchi, Herr Vitale / Herr Dr. Vitale*
  (Die Endung -re wird vor Eigennamen zu -r verkürzt.)

! Bei der direkten Anrede entfällt der bestimmte Artikel.
  Signora Neri, Le presento la signora Bianchi.   *Frau Neri, ich möchte Ihnen Frau Bianchi vorstellen.*
  Professor Morino, ecco il dottor Manera!   *Herr Professor Morino, hier ist Herr Doktor Manera!*

- bei Namen von Kontinenten, Ländern, Regionen und einigen großen Inseln
  l'Europa, l'Italia, la Toscana, la Sicilia   *Europa, Italien, die Toskana, Sizilien*

! Der bestimmte Artikel entfällt meist bei der Präposition in (→ Kap. 17).
  in Europa, in Italia   *in / nach Europa, in / nach Italien*

- bei Sprachen und Sportarten
  Studio l'italiano.   *Ich lerne Italienisch.*
  Mi piace il tennis.   *Ich mag Tennis.*

! In Verbindung mit dem Verb giocare a entfällt der bestimmte Artikel.
  Gioco a tennis.   *Ich spiele Tennis.*

- bei der Uhrzeit;
  Sono le sette.   *Es ist sieben Uhr.*

- bei Farben und Stoffnamen.
  il rosso, il cotone   *Rot, Baumwolle*

! Nach der Präposition di (→ Kap. 18) entfällt bei Stoffnamen der bestimmte Artikel.
  la camicia di cotone   *das Baumwollhemd*

Bestimmte Artikel: Gebrauch   4

1. Mit oder ohne Artikel? In folgenden Sätzen haben sich fünf Fehler eingeschlichen. Suchen und korrigieren Sie sie.

a Il dottor Laurenzi, come sta? _____

b L'Umbria è una regione bellissima. _____

c Adoro calcio. _____

d Il mio colore preferito è verde. _____

e Vienna è la capitale dell'Austria. _____

f Il Carlo è un ragazzo simpatico. _____

g Mi piacciono i pantaloni di lino. _____

h Sardegna è un'isola splendida. _____

2. Setzen Sie wo nötig den bestimmten Artikel ein.

a ____ Claudia e ____ Rossella hanno 25 anni.

b Buonasera, ____ Signor Capozzi!

c Che ore sono? – Sono ____ cinque.

d ____ ingegner Colli è di Treviso.

e Amo ____ Francia.

f Mio cugino lavora in ____ Svizzera.

g Parli ____ inglese e ____ spagnolo. Bravo!

h Giochiamo a ____ ping-pong domani?

i Perché non ti piace ____ cotone?

j ____ ciclismo non mi interessa.

3. Übersetzen Sie die Wörter in Klammern mit oder ohne bestimmten Artikel.

a Secondo me *(Japanisch)* _____ è una lingua difficile.

b L'anno prossimo vado in *(Australien)* _____ .

c Che colore ti piace? – *(Weiß)* _____ .

d Mi voglio comprare una collana *(aus Silber)* _____ .

e Conosci *(Frau Rossi)* _____ ?

f *(Seide)* _____ è un tessuto molto pregiato.

g *(Herr Cinque)* _____ , buongiorno!

h *(Griechenland)* _____ ha moltissime isole.

i Non trovo la mia borsa *(aus Leder)* _____ .

j Sono *(sieben)* _____ e venti.

5 Una bottiglia di acqua minerale!
Eine Flasche Mineralwasser!

Unbestimmte Artikel (un, uno, una, un')

Substantive werden normalerweise von bestimmten (→ Kap. 3) oder unbestimmten Artikeln begleitet.
Die unbestimmten Artikel *un*, *uno*, *una*, *un'* verwendet man, um sich auf Personen, Dinge und Sachverhalte zu beziehen, die nicht bekannt sind oder zum ersten Mal erwähnt werden. Sie entsprechen den deutschen Artikeln *ein*, *eine* und werden nur im Singular bei zählbaren Substantiven verwendet, im Plural werden sie ausgelassen (z. B. un bravo bambino – bravi bambini). Die Formen der unbestimmten Artikel richten sich nach dem Geschlecht und dem Anfangsbuchstaben des nachfolgenden Wortes.

männlich		
vor Konsonant und Vokal steht		
un	un momento	ein Augenblick
	un quadro	ein Bild
	un elefante	ein Elefant
	un appartamento	eine Wohnung

vor **s** + Konsonant, **z**, **ps**, **gn**, **y** steht

uno	uno spumante	ein Sekt
	uno zaino	ein Rucksack
	uno psicologo	ein Psychologe

weiblich		
vor Konsonant steht		
una	una bottiglia	eine Flasche
	una candela	eine Kerze

vor Vokal steht

un'	un'aranciata	eine Orangenlimonade
	un'insalata	ein Salat

Unbestimmte Artikel (un, uno, una, un') — 5

1. Ordnen Sie die Wörter dem passenden Artikel zu.

   un': agenda, pseudonimo, stagione
   una: animale, crema, scuola
   un: pettine, estate, gatto
   uno: zoo

2. Un oder un'? Vervollständigen Sie.

   ___ favore   ___ elicottero   ___ auto
   ___ anno   ___ ora   ___ aereo
   ___ ascensore   ___ orologio   ___ impermeabile
   ___ italiana   ___ cane   ___ programma
   ___ edicola   ___ idea   ___ offerta

3. Ergänzen Sie mit un, uno, una oder un'.
   a C'è ___ banca qui vicino?
   b Tina, porti ___ zaino troppo pesante!
   c A Natale vado in vacanza in ___ isola tropicale.
   d In Italia il calcio è ___ sport molto popolare.
   e Vorrei ___ pizza margherita!
   f Fabio e Paolo sono a Roma e cercano ___ albergo economico.
   g Eros Ramazzotti è ___ cantante che amo molto.
   h A Bologna c'è ___ università molto antica.
   i Vi posso offrire ___ aperitivo?
   j Vogliamo comprare ___ televisore nuovo.

4. Schreiben Sie unter jede Zeichnung die italienische Bezeichnung mit dem entsprechenden unbestimmten Artikel.

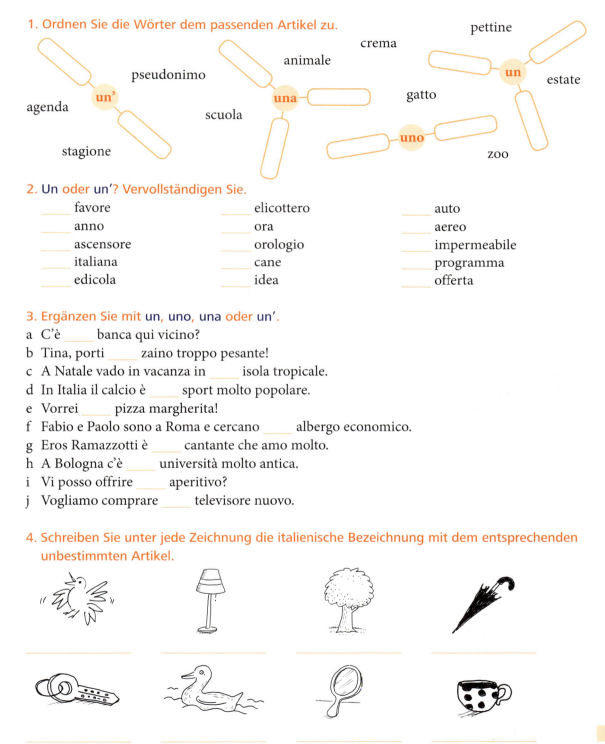

6 È così romantico!
Es ist so romantisch!

! In den folgenden Kapiteln ist vom Präsens die Rede. Es handelt sich dabei, wenn nicht anders erwähnt, um das Indikativ Präsens. Der Indikativ ist die Wirklichkeitsform und unterscheidet sich in Form und Gebrauch vom Konjunktiv, der Möglichkeitsform (→ Kap. 57–61).

Essere und avere (Präsens)

 Wie im Deutschen üben essere *(sein)* und avere *(haben)* sowohl die Funktion von Vollverben aus – z. B. Ho un figlio. *(Ich habe einen Sohn.)* – als auch die Funktion von Hilfsverben – z. B. Ho comprato un regalo. *(Ich habe ein Geschenk gekauft.)*. (Zur Bildung des passato prossimo → Kap. 33). Die Bedeutung des Vollverbs deckt sich in vielen Fällen nicht mit der deutschen Entsprechung, z. B. Ho 20 anni. *(Ich bin 20.)*.
Die Formen von essere und avere sind unregelmäßig.

	essere		**avere**	
(io)	sono	*ich bin*	ho	*ich habe*
(tu)	sei	*du bist*	hai	*du hast*
(lui, lei, Lei)	è	*er, sie, es ist / Sie sind*	ha	*er, sie, es hat / Sie haben*
(noi)	siamo	*wir sind*	abbiamo	*wir haben*
(voi)	siete	*ihr seid / Sie sind*	avete	*ihr habt / Sie haben*
(loro)	sono	*sie sind*	hanno	*sie haben*

! Die Subjektpronomen (io, tu, lui, lei, Lei, noi, voi, loro) werden normalerweise weggelassen, außer man möchte etwas betonen (Lei è la signora Paolucci?).
Für die Höflichkeitsform (Sie) wird die 3. Person Singular Lei benutzt. Im Plural dagegen wird die Form voi gebraucht, selten auch loro.

È così romantico!   *Es ist so romantisch!*
Lei è la signora Paolucci?   *Sind Sie Frau Paolucci?*
Teresa e Fabio sono stanchi.   *Teresa und Fabio sind müde.*
Di dove sei?   *Woher bist du?*

Ho freddo.   *Mir ist kalt.*
Tullio ha 30 anni.   *Tullio ist 30.*
Avete fame?   *Habt ihr / Haben Sie Hunger?*
Perché hai fretta?   *Warum hast du es eilig?*

6 *Essere* und *avere* (Präsens)

1. Wandeln Sie folgende Sätze um.

Abbiamo voglia di uscire. → (io) *Ho voglia di uscire.*
a Non hai la macchina? (voi) _____
b Gabi è di Stoccarda. Gabi e Jürgen _____
c Ho paura di guidare. (noi) _____
d Di dove siete? (tu) _____
e Sono a casa. (noi) _____
f Rosa e Clelia hanno fretta. Giuseppe _____
g Siamo alla stazione. (io) _____

2. Vervollständigen Sie mit der richtigen Verbform. Verbinden Sie danach die linke mit der rechten Spalte zu sinnvollen Sätzen.

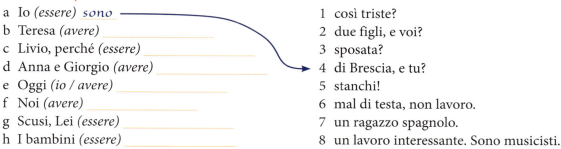

a Io (essere) *sono*   1 così triste?
b Teresa (avere) _____   2 due figli, e voi?
c Livio, perché (essere) _____   3 sposata?
d Anna e Giorgio (avere) _____   4 di Brescia, e tu?
e Oggi (io / avere) _____   5 stanchi!
f Noi (avere) _____   6 mal di testa, non lavoro.
g Scusi, Lei (essere) _____   7 un ragazzo spagnolo.
h I bambini (essere) _____   8 un lavoro interessante. Sono musicisti.

3. Setzen Sie die unten stehenden Verbformen an der richtigen Stelle ein.

ho   hanno   è   sono   sei   avete   siamo

a Di dove _____ , Paul?
b (io) _____ un appartamento a Berlino.
c Ragazzi, _____ sete?
d Tiziana _____ molto stanca.
e Io _____ francese, e tu?
f Roberto e Luigi _____ 25 anni.
g _____ veramente arrabbiati con te!

4. Essere oder avere? Ergänzen Sie.

a _____ tardi, vado a dormire.
b Mara e Vittorio _____ sposati da 10 anni.
c Andiamo in pizzeria? Io _____ fame.
d Voi _____ americani, vero?
e (voi) _____ proprio una bella casa!
f Cinzia, _____ sete?
g Noi _____ insegnanti, e voi?
h Quanti anni _____ i tuoi figli?

21

7 Se c'è una bella donna . . .
Wenn eine schöne Frau da ist . . .

Se c'è una bella donna, ci sono anche degli uomini.

C'è und ci sono

C'è und ci sono entsprechen den deutschen Ausdrücken *es gibt, da ist / da sind*.
C'è wird bei einem Substantiv im Singular, ci sono bei einem Substantiv im Plural verwendet.

C'è una bella donna.   *Es ist eine schöne Frau da.*
Ci sono degli uomini.   *Es sind Männer da.*
C'è un supermercato qui vicino?   *Gibt es einen Supermarkt hier in der Nähe?*
A Roma ci sono tanti monumenti.   *In Rom gibt es viele Denkmäler.*

! Wenn der Satz mit einer Ortsangabe beginnt, verwendet man c'è / ci sono.
Steht das Subjekt am Anfang des Satzes, wird è / sono verwendet.

Sul tavolo c'è una lampada.   *Es gibt eine Lampe auf dem Tisch.*
La lampada è sul tavolo.   *Die Lampe ist auf dem Tisch.*

A Firenze ci sono gli Uffizi.   *In Florenz gibt es die Uffizien.*
Gli Uffizi sono a Firenze.   *Die Uffizien sind in Florenz.*

C'è und *ci sono* 7

1. Was gibt es im Wohnzimmer?

Nel salotto . . .
c'è   una finestra
_____
_____
_____
_____

ci sono _____
_____
_____
_____

2. Setzen Sie c'è oder ci sono ein.
a Scusi, _____ una banca qui vicino?
b Nel frigorifero _____ sei uova.
c In Italia _____ tante cose interessanti da vedere.
d Vittorio, nella tua stanza _____ un disordine terribile!
e Mi dispiace, ma non _____ camere libere.
f A Napoli _____ molti alberghi bellissimi con vista sul mare.
g Vicino a casa mia _____ un ristorante cinese.

3. Vervollständigen Sie die Sätze mit den unten stehenden Verben.

è   sono   c'è   ci sono   è   c'è

a Nella mia città _____ un bar famosissimo.
b Vicino al cinema _____ due ristoranti tipici.
c Il latte _____ nel frigorifero.
d Nella piazza _____ una fontana.
e Le scarpe _____ nell'armadio.
f Il cappello _____ là sul mobile.

4. C'è / ci sono oder è / sono? Ergänzen Sie.
a La coperta _____ sul divano.
b Di fronte alla casa di Lucia _____ un negozio di prodotti biologici.
c Nel bagno non _____ gli asciugamani. Ma dove sono?
d In Italia _____ molte isole: le più grandi sono la Sicilia e la Sardegna.
e I libri _____ là sulla scrivania.
f In questa città _____ una chiesa del 1100.
g La macelleria _____ tra la farmacia e la tabaccheria.
h La biblioteca e il municipio _____ nella piazza principale della città.

8 Gigi vede il tennis sempre così.
Gigi schaut sich Tennis immer so an.

Präsens der regelmäßigen Verben (-are, -ere, -ire)

Die regelmäßigen Verben werden in drei Klassen mit unterschiedlichem Konjugationsmuster eingeteilt: Verben mit Infinitiv auf -are, auf -ere und auf -ire. Bei den Verben auf -ire gibt es eine weitere Unterscheidung: Verben mit und ohne Stammerweiterung auf -isc-.

	cucinare *kochen*	**vedere** *sehen*	**aprire** *öffnen*	**preferire** *bevorzugen*
(io)	cucino	vedo	apro	preferisco
(tu)	cucini	vedi	apri	preferisci
(lui, lei, Lei)	cucina	vede	apre	preferisce
(noi)	cuciniamo	vediamo	apriamo	preferiamo
(voi)	cucinate	vedete	aprite	preferite
(loro)	cucinano	vedono	aprono	preferiscono

Der Punkt unter der Verbform gibt die betonte Silbe an.

Wie preferire konjugieren u. a. auch capire *(verstehen)*, finire *(beenden)*, pulire *(putzen)*.
Bei Verben auf -care / -gare wird zur Beibehaltung des ursprünglichen Lautes in der 2. Person Singular und in der 1. Person Plural ein h zwischen dem Verbstamm und der Endung eingefügt: giocare *(spielen)* ➡ (tu) giochi, (noi) giochiamo.

Das Präsens wird bei Handlungen und Zuständen der unmittelbaren Gegenwart gebraucht sowie bei Handlungen und Zuständen, die eine Gewohnheit ausdrücken oder sich auf eine nahe Zukunft beziehen.
I ragazzi ascoltano la radio.   *Die Jugendlichen hören Radio.*
Gigi vede il tennis sempre così.   *Gigi schaut sich Tennis immer so an.*
Domani andiamo a Roma.   *Morgen fahren wir nach Rom.*

! Will man etwas verneinen, so stellt man das Wort non *(nicht)* vor das Verb (→ Kap. 27), nicht dahinter wie im Deutschen: Monica non cucina. *(Monica kocht nicht.)*

Präsens der regelmäßigen Verben (-are, -ere, -ire)

8

1. Tragen Sie die Verbformen in die zutreffende Spalte ein. Geben Sie auch an, um welche Person es sich handelt.

ridiamo   giochiamo   comprano

scrivono

capisce   preferisci

-are	-ere	-ire
io amo		

~~amo~~

mettete

partite   chiudi

2. Vervollständigen Sie mit den unten stehenden Verben.

finisce   leggo   lavorate   dormono   parlano   vedi   preferisco   suona

a La sera _____ sempre il giornale.
b Mio marito _____ la chitarra.
c La lezione _____ alle 12.30.
d Non (voi) _____ il sabato, vero?
e La domenica i miei figli _____ fino a mezzogiorno.
f Quando _____ la TV?
g Tim e Sam _____ benissimo l'italiano.
h _____ cenare presto.

3. Ergänzen Sie mit der passenden Verbform.

a (io / cantare) _____ sempre sotto la doccia.
b Non (noi / ascoltare) _____ mai la musica classica. È così noiosa!
c Domani Antonio (partire) _____ per le vacanze.
d In genere i negozi (chiudere) _____ alle 19.00.
e Quando (cominciare) _____ il corso d'inglese?
f Ah, (voi / vivere) _____ in Olanda! E come mai?
g (Lei / preferire) _____ un Martini o uno spumante?
h Io ho caldo: (io / aprire) _____ la finestra!
i Di solito (noi / finire) _____ di lavorare alle 17.00.
j Per andare in ufficio Roberto (prendere) _____ la metropolitana.

4. Beantworten Sie folgende Fragen, indem Sie die passende Verbform ergänzen.

a Che vino preferisci? – _____ il vino rosso.
b Quando tornate? – _____ domani sera.
c Cosa mangiano i bambini oggi? – _____ uova e verdura.
d E Lei dove vive? – _____ a Berna.
e Perché chiudete la finestra? – _____ la finestra perché piove!
f Dottor Frizzi, quando parte? – _____ stasera.

25

9 Possiamo giocare a poker!
Wir könnten Poker spielen!

Modalverben volere, dovere, potere und sapere (Präsens)

REGEL Neben ihrer Funktion als Vollverben werden volere, dovere, potere auch als Modalverben gebraucht. Sie begleiten dann ein Verb im Infinitiv und präzisieren die Art und Weise der jeweiligen Handlung. Volere drückt einen Wunsch / eine Absicht aus, dovere eine Notwendigkeit, potere eine Möglichkeit / eine Erlaubnis. Die Modalverben haben unregelmäßige Formen.
Vogliono mangiare la torta.   *Sie möchten den Kuchen essen.*
Devo studiare tanto per l'esame.   *Ich muss viel für die Prüfung lernen.*
Possiamo giocare a poker.   *Wir könnten (wörtlich: können) Poker spielen.*

➡ Das Verb sapere bedeutet je nach Kontext *wissen* oder *können*. In der Bedeutung von *können* verhält sich sapere wie ein Modalverb, das heißt, es folgt ihm ein Verb im Infinitiv.
Mio padre sa tutto.   *Mein Vater weiß alles.*
Non so giocare a poker.   *Ich kann nicht Poker spielen.*

! Potere drückt eine Möglichkeit / eine Erlaubnis aus, sapere eine Fähigkeit.
Posso suonare il pianoforte.   *Ich kann Klavier spielen. (Es ist möglich. / Es ist mir erlaubt.)*
So suonare il pianoforte.   *Ich kann Klavier spielen. (Ich bin dazu fähig.)*

	volere wollen	**dovere** müssen, sollen	**potere** können, mögen	**sapere** wissen, können
(io)	voglio	devo	posso	so
(tu)	vuoi	devi	puoi	sai
(lui, lei, Lei)	vuole	deve	può	sa
(noi)	vogliamo	dobbiamo	possiamo	sappiamo
(voi)	volete	dovete	potete	sapete
(loro)	vogliono	devono	possono	sanno

26

Modalverben *volere, dovere, potere* und *sapere* (Präsens)

9

1. Bringen Sie die Wörter in die richtige Reihenfolge.

a vedere / il / possiamo / di Benigni / film _____!

b devo / Marco / invitare _____.

c a teatro / venire / vuole / ~~domani~~ / signora _____ , _____ domani?

d chitarra / suonare / la / sapete _____?

e l' / perché / vuoi / italiano / imparare _____?

f ~~Gigi~~ / fare / e / Franco / devono / un esame   Gigi _____.

2. Vervollständigen Sie den Dialog mit den passenden Verbformen.

▲ Pronto!

● Ciao Giulia, sono Mirella.

▲ Mirella, che sorpresa!

● Senti, domani *(io / dovere)* _____ andare in centro per delle compere.
  (volere) _____ venire anche tu? *(noi / potere)* _____ fare
  una passeggiata!

▲ Mmm, non lo *(io / sapere)* _____ . . . Domani mattina io e Giorgio
  (dovere) _____ andare dall'avvocato. Forse dopo . . .

● Sì, va bene. E dove *(noi / volere)* _____ incontrarci?

▲ Davanti al cinema Astra . . .

3. Ergänzen Sie mit **potere, dovere** oder **volere**.

a Mi dispiace, non _____ giocare a calcio. Domani ho un esame.

b Aurelio non _____ fumare perché ha la bronchite.

c Se hai mal di denti, _____ andare subito dal dentista.

d Ragazzi, *(noi)* _____ andare in discoteca sabato sera?

e Quando vai al supermercato _____ comprare anche lo shampoo, per piacere?

f *(voi)* _____ venire al concerto di Zucchero? Ho tre biglietti gratis.

g Stasera ho ospiti a cena. _____ fare ancora la spesa, cucinare e mettere in
  ordine la casa!

h Piero _____ comprare un appartamento al mare.

i Se lavorate per una ditta americana, _____ imparare l'inglese!

j La prossima estate *(io)* _____ frequentare un corso di francese a Parigi.

4. **Potere** oder **sapere**? Ergänzen Sie.

a Che caldo! *(io)* _____ aprire la finestra?

b *(tu)* _____ sciare?

c Scusi, *(Lei)* _____ se c'è una farmacia da queste parti?

d Ragazzi, *(voi)* _____ andare allo stadio, solo se prima finite tutti i compiti.

e Non abbiamo l'auto perché non _____ guidare.

f *(loro)* Non _____ mangiare dolci perché sono a dieta.

10 Vieni domani?
Kommst du morgen?

Unregelmäßige Verben (Präsens)

Viele italienische Verben sind unregelmäßig. Hier sind einige der wichtigsten Verben mit unregelmäßigem Präsens aufgelistet (vgl. auch → Anhang).

	andare gehen	**bere** trinken	**dare** geben	**dire** sagen
(io)	vado	bevo	do	dico
(tu)	vai	bevi	dai	dici
(lui, lei, Lei)	va	beve	dà	dice
(noi)	andiamo	beviamo	diamo	diciamo
(voi)	andate	bevete	date	dite
(loro)	vanno	bevono	danno	dicono

	fare machen, tun	**rimanere** bleiben	**riuscire** gelingen	**scegliere** wählen
(io)	faccio	rimango	riesco	scelgo
(tu)	fai	rimani	riesci	scegli
(lui, lei, Lei)	fa	rimane	riesce	sceglie
(noi)	facciamo	rimaniamo	riusciamo	scegliamo
(voi)	fate	rimanete	riuscite	scegliete
(loro)	fanno	rimangono	riescono	scelgono

	sedere sitzen	**stare** bleiben	**uscire** ausgehen	**venire** kommen
(io)	siedo	sto	esco	vengo
(tu)	siedi	stai	esci	vieni
(lui, lei, Lei)	siede	sta	esce	viene
(noi)	sediamo	stiamo	usciamo	veniamo
(voi)	sedete	state	uscite	venite
(loro)	siedono	stanno	escono	vengono

Unregelmäßige Verben (Präsens) 10

1. Ordnen Sie die Verben in die richtige Spalte ein.

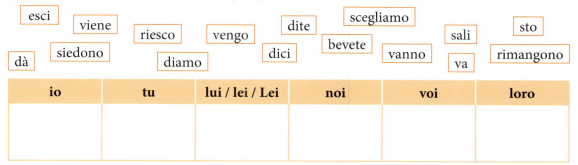

io	tu	lui / lei / Lei	noi	voi	loro

2. Ergänzen Sie mit der passenden Verbform und verbinden Sie die Dialogteile.
   a Ciao, Maria. Come *(stare)* _____ ?
   b Domani *(noi / andare)* _____ al mare.
   c Quando *(venire)* _____ i tuoi genitori?
   d Cosa *(voi / fare)* _____ sabato?
   e Dottor Schettino, *(bere)* _____ un cognac?
   f Papà, mi *(dare)* _____ la macchina stasera?

   1 Ah, bello! *(venire)* _____ anche noi!
   2 *(noi / uscire)* _____ con alcuni amici . . .
   3 No. Stasera tu non *(uscire)* _____ !
   4 Io *(stare)* _____ bene, grazie. E tu?
   5 Domani e *(loro / rimanere)* _____ tre giorni.
   6 No, grazie, io non *(bere)* _____ alcolici.

3. Wandeln Sie die Sätze um.
   a La mattina Caterina esce alle 7.00. → La mattina Caterina e Danilo _____ .
   b Riuscite a tornare in orario oggi? → *(tu)* _____ ?
   c Quando vieni a trovarmi? → Quando *(voi)* _____ ?
   d Scusate, sedete voi qui? → Scusi, _____ Lei qui?
   e Facciamo una passeggiata in centro. → *(io)* _____ .
   f Allora rimanete a cena? → Allora *(tu)* _____ ?

4. Verwenden Sie das passende Verb in der richtigen Form.

   | uscire   andare   stare   dire   dare   bere   rimanere |

   a A Natale *(io)* _____ una settimana sulle Dolomiti.
   b Se non studi, *(noi)* non ti _____ i soldi per le vacanze!
   c Chiara, come _____ i tuoi nonni?
   d Ma perché *(tu)* _____ sempre le stesse cose?
   e Sabato prossimo Wanda e Tania _____ con due ragazzi spagnoli.
   f Allora, che *(voi)* _____ ? Un tè o un caffè?
   g Mi dispiace, stasera non posso, _____ in ufficio fino a tardi.

29

11 Si chiamano Luca e Giovanna.
Sie heißen Luca und Giovanna.

* Engelchen

Präsens der reflexiven und reziproken Verben (-arsi, -ersi, -irsi)

Reflexive Verben drücken eine Handlung aus, die sich ausschließlich auf das Subjekt bezieht, z. B. lavarsi *(sich waschen)*.
Reziproke Verben dagegen drücken eine wechselseitige Handlung zwischen zwei oder mehreren Personen aus, z. B. incontrarsi *(sich treffen)*.
Reflexive und reziproke Verben werden im Präsens entsprechend der drei regelmäßigen Konjugationen (-are, -ere, -ire) gebildet. Vorangestellt wird das jeweilige Reflexivpronomen (mi, ti, si, ci, vi, si), das im Gegensatz zu den Subjektpronomen nie ausgelassen werden kann.

	-are + si ➡ -arsi	-ere + si ➡ -ersi	-ire + si ➡ -irsi
	lavarsi sich waschen	**nascondersi** sich verstecken	**vestirsi** sich anziehen
(io)	mi lavo	mi nascondo	mi vesto
(tu)	ti lavi	ti nascondi	ti vesti
(lui, lei, Lei)	si lava	si nasconde	si veste
(noi)	ci laviamo	ci nascondiamo	ci vestiamo
(voi)	vi lavate	vi nascondete	vi vestite
(loro)	si lavano	si nascondono	si vestono

➡ Auch bei unregelmäßigen Verben stehen die Reflexivpronomen vor den unregelmäßigen Formen des Verbs, z. B. sedersi *(sich hinsetzen)* ➡ mi siedo, ti siedi, si siede usw.

➡ Wird ein reflexives Verb im Infinitiv gebraucht, so können die Reflexivpronomen vor dem konjugierten Verb stehen oder an die Infinitivform angehängt werden.
Luisa si vuole preparare bene per l'esame.
Luisa vuole prepararsi bene per l'esame. } *Luisa möchte sich für die Prüfung gut vorbereiten.*

! Einige Verben, die im Deutschen nicht reflexiv sind, werden im Italienischen als Reflexivverben gebraucht, z. B. addormentarsi *(einschlafen)*, alzarsi *(aufstehen)*, chiamarsi *(heißen)*, svegliarsi *(aufwachen)*.

Si chiamano Luca e Giovanna.   *Sie heißen Luca und Giovanna.*

Präsens der reflexiven und reziproken Verben *(-arsi, -ersi, -irsi)*

11

1. Ordnen Sie die angegebenen Verbformen den entsprechenden Infinitivendungen zu.

mi pettino – si veste – ci sposiamo – si taglia – si sentono – vi divertite – ci conosciamo – ti addormenti – mi siedo

-arsi	-ersi	-irsi
_____	_____	_____
_____	_____	_____
_____		_____
_____		

2. Ergänzen Sie folgende E-Mail.

Ciao, Fabio! Come stai?
Sono qui a Bologna già da un mese e vado all'università tutti i giorni!
(alzarsi) _____ alle 6.30 – che fatica! –, *(farsi)* _____ la doccia,
(vestirsi) _____, bevo velocemente un caffè ed esco. Seguo i corsi fino
all'una. A volte vado a pranzo alla mensa, a volte torno a casa.
Mangio qualcosa, poi *(riposarsi)* _____ un'ora. Il pomeriggio di solito
studio. La sera *(incontrarsi)* _____ con degli amici. Che pazzi!! Insieme
(noi / divertirsi) _____ un sacco! Quando torno a casa, sono stanco morto
e *(addormentarsi)* _____ subito.
E tu che fai? *(tu / iscriversi)* _____ all'università, sì o no? Aspetto tue notizie.
Oscar

3. Verwenden Sie das passende Verb in der richtigen Form.

sposarsi	mettersi	chiamarsi	alzarsi	impegnarsi	sentirsi	conoscersi

a Se *(tu)* _____ , superi l'esame senza problemi.
b Lo sai che l'anno prossimo *(io)* _____ ? – Auguri!
c Allora signor Carrara, _____ meglio oggi?
d Per il matrimonio di Vittorio *(io)* _____ il vestito blu, sei d'accordo?
e Pina e io _____ dagli anni del liceo.
f E tu come _____ ? – Livio.
g A che ora *(voi)* _____ la domenica? – Mai prima delle dieci!

4. Wandeln Sie die Sätze um. Folgen Sie dem Beispiel.

Domani mi devo svegliare presto. → *Domani devo svegliarmi presto.*
a Non ti vuoi riposare un po'? → _____
b Roberto non si sa fare nemmeno un caffè! → _____
c Potete sedervi qui se volete. → _____
d È tardi! Dobbiamo sbrigarci. → _____
e Mi comincio ad annoiare a questa festa. → _____
f I tuoi amici non si sanno vestire! → _____

31

12 Si devono solo fare alcuni lavoretti!
Man muss nur ein paar kleine Reparaturen durchführen!

* Gutes Geschäft

Die si-Konstruktion

 Die si-Konstruktion drückt eine allgemeine, nicht an eine bestimmte Person gebundene Erfahrung aus. Das Verb steht dabei in der 3. Person Singular. Si entspricht dem deutschen *man*.
Quando fa caldo si beve di più.   Wenn es heiß ist, trinkt man mehr.
Nei locali pubblici non si fuma.   In öffentlichen Gebäuden raucht man nicht.

 Wenn aber ein direktes Objekt dem Verb folgt, richtet sich das Verb nach dem Objekt. Ist das Objekt im Singular, steht das Verb in der 3. Person Singular. Ist das Objekt im Plural, steht das Verb in der 3. Person Plural.
Si vende la casa.   Das Haus ist zu verkaufen.
In Italia si mangia molto la pasta.   In Italien isst man viel Nudeln.
Si devono solo fare alcuni lavoretti.   Man muss nur ein paar kleine Reparaturen durchführen.
In Olanda si coltivano i tulipani.   In Holland werden Tulpen gezüchtet.

! Bei reflexiven / reziproken Verben verwendet man zur Vermeidung der Wiederholung von si die Konstruktion ci si + Verb .
Ci si incontra a piazza Navona.   Man trifft sich auf der Piazza Navona.

Die *si*-Konstruktion 12

1. Verbinden Sie die linke mit der rechten Spalte.

a In biblioteca . . .
b Dal fruttivendolo . . .
c Sulla neve . . .
d Nei boschi . . .
e La notte di Natale . . .

1 si va a sciare.
2 si raccolgono i funghi.
3 si leggono i libri.
4 si comprano le mele.
5 ci si scambiano i regali.

2. Vervollständigen Sie die Sätze mit der si-Konstruktion.

a Con il pesce *(bere)* _____ il vino bianco.
b Quando fa freddo *(mettersi)* _____ il cappotto.
c La domenica *(andare)* _____ a messa.
d In panetteria *(vendere)* _____ i panini.
e Ai bambini *(raccontare)* _____ le favole.
f A scuola non *(dormire)* _____ !
g In palestra *(fare)* _____ sport.
h A Carnevale *(organizzare)* _____ balli in maschera.

3. Wandeln Sie die Sätze um. Folgen Sie dem Beispiel.

In Italia in genere tutti mangiano la pasta. → *In Italia si mangia la pasta.*

a Alle scuole elementari tutti imparano a leggere e scrivere.
_____

b A San Silvestro le persone festeggiano l'arrivo dell'anno nuovo.
_____

c Al casinò le persone scommettono, vincono o perdono.
_____

d In Turchia in genere nessuno mangia carne di maiale.
In Turchia non _____

e In Italia in estate le persone vanno in montagna o al mare.
_____

f Dal giornalaio la gente compra riviste e giornali.
_____

4. Vervollständigen Sie die Sätze mit den unten stehenden Angaben und verwenden Sie dabei die si-Konstruktion.

sposarsi in abito bianco
esibire gli animali feroci
comprare la carne
ballare fino al mattino

In chiesa _____ Al circo _____
In macelleria _____ In discoteca _____

Wählen Sie die richtige Form.

Substantive

1. libro – libr. . .
   a) ☐ -i
   b) ☐ -e

2. piant. . . – piante
   a) ☐ -o
   b) ☐ -a

3. fiore – fior. . .
   a) ☐ -i
   b) ☐ -e

4. possibilità – possibilit. . .
   a) ☐ -è
   b) ☐ -à

5. panorama – panoram. . .
   a) ☐ -i
   b) ☐ -e

6. clinica – clini. . .
   a) ☐ -che
   b) ☐ -ce

Artikel

7. . . . spettacoli
   a) ☐ gli
   b) ☐ i

8. . . . storie
   a) ☐ il
   b) ☐ le

9. . . . acqua
   a) ☐ l'
   b) ☐ la

10. . . . dottor Lanza, come va?
    a) ☐ Il
    b) ☐ —

11. . . . Toscana è una regione molto famosa.
    a) ☐ —
    b) ☐ La

12. . . . auto
    a) ☐ un'
    b) ☐ un

13. . . . telefono
    a) ☐ un
    b) ☐ uno

Präsens

14. Scusi, Lei . . . italiano?
    a) ☐ è
    b) ☐ sono

15. Paola . . . 27 anni.
    a) ☐ è
    b) ☐ ha

16. Nella nostra scuola non . . . studenti stranieri.
    a) ☐ c'è
    b) ☐ ci sono

17. Il cappello . . . sulla sedia.
    a) ☐ c'è
    b) ☐ è

18. La domenica Sergio . . . fino a tardi.
    a) ☐ dorme
    b) ☐ dormi

19. Antonio e Camilla . . . medicina.
    a) ☐ studiano
    b) ☐ studiamo

20. Perché (voi) . . . in campagna?
    a) ☐ viviamo
    b) ☐ vivete

21. Se hai la febbre, . . . chiamare il medico.
    a) ☐ vuoi
    b) ☐ devi

22. Matteo . . . suonare il violino. – Davvero?
    a) ☐ può
    b) ☐ sa

23. (noi) . . . andare a ballare!
   a) ▢ Possiamo
   b) ▢ Possono

24. . . . alla festa di Lucia sabato?
   a) ▢ Vieni
   b) ▢ Esci

25. Stasera (noi) . . . una passeggiata in centro.
   a) ▢ fanno
   b) ▢ facciamo

26. Io . . . bene, e tu?
   a) ▢ sto
   b) ▢ sta

27. Dopo pranzo . . . riposo sempre.
   a) ▢ mi
   b) ▢ si

28. Mario e Alberto . . . da dieci anni.
   a) ▢ si conoscono
   b) ▢ conoscono

si-Konstruktion

29. Dal parrucchiere . . . i capelli.
   a) ▢ si taglia
   b) ▢ si tagliano

30. Con il vagone letto . . . comodamente.
   a) ▢ si viaggia
   b) ▢ si viaggiano

Vergleichen Sie nun Ihre Lösungen mit dem Schlüssel auf S. 150. Wenn Sie Aufgaben nicht richtig gelöst haben, wiederholen Sie noch einmal das betreffende Kapitel. Diese Tabelle zeigt Ihnen, auf welches Kapitel sich die einzelnen Aufgaben beziehen.

Aufgabe	Kapitel	Aufgabe	Kapitel	Aufgabe	Kapitel	Aufgabe	Kapitel	Aufgabe	Kapitel
1	1	7	3	13	5	19	8	25	10
2	1	8	3	14	6	20	8	26	10
3	1	9	3	15	6	21	9	27	11
4	2	10	4	16	7	22	9	28	11
5	2	11	4	17	7	23	9	29	12
6	2	12	5	18	8	24	10	30	12

13 Il gelato italiano è speciale.
Das italienische Eis ist etwas Besonderes.

Adjektive

 Die Adjektive richten sich in Geschlecht und Zahl nach den Substantiven, auf die sie sich beziehen. Sie stehen in der Regel hinter den Substantiven.
il gelato italiano   *das italienische Eis*

Es gibt zwei Gruppen von Adjektiven:

 Die Adjektive der Gruppe -o/-a haben im Singular die Endung **-o** für die männliche Form und **-a** für die weibliche. Im Plural enden sie auf **-i** bzw. **-e**.
il gelato italiano ➡ i gelati italiani   *das italienische Eis* (im Deutschen kein Plural)
la pizza italiana ➡ le pizze italiane   *die italienische Pizza / die italienischen Pizzen*

 Die Adjektive der Gruppe -e haben im Singular die Endung **-e** und im Plural die Endung **-i** für beide Geschlechter.
il bambino speciale ➡ i bambini speciali   *das besondere Kind / die besonderen Kinder*
la donna speciale ➡ le donne speciali   *die besondere Frau / die besonderen Frauen*

	Singular		Plural
Gruppe **-o/-a**	-o (m)	➡	-i (m)
	-a (w)	➡	-e (w)
Gruppe **-e**	-e (m/w)	➡	-i (m/w)

! Wenn das Adjektiv nach dem Verb **essere** vorkommt, wird es im Gegensatz zum Deutschen dem Substantiv angepasst.
Il ragazzo è alto. ➡ I ragazzi sono alti.   *Der Junge ist groß. / Die Jungen sind groß.*
La ragazza è alta. ➡ Le ragazze sono alte.   *Das Mädchen ist groß. / Die Mädchen sind groß.*

Adjektive **13**

1. Suchen Sie das passende Adjektiv.

a L'aereo è un mezzo di trasporto . . .   1 carina.
b La boxe è uno sport . . .   2 stranieri.
c Carmen compra spesso vestiti . . .   3 violento.
d Nella mia classe ci sono due studenti . . .   4 famoso.
e Amo le città . . .   5 dolci.
f La ragazza di Giorgio è . . .   6 veloce.
g Bevo sempre bevande . . .   7 svizzere.
h Il Colosseo è un monumento . . .   8 costosi.

2. Vervollständigen Sie folgendes Schema.

Singular	Plural
la signora elegante	le signore _____
l'amico sincero	gli amici _____
la ragazza bionda	le ragazze _____
il film _____	i film interessanti
l'appartamento grande	gli appartamenti _____
la gonna _____	le gonne rosse
il tè _____	i tè caldi
la cravatta _____	le cravatte verdi

3. Wandeln Sie die Satzaussagen ins Gegenteil um. Folgen Sie dem Beispiel.

L'ufficio è aperto.   →   *L'ufficio è chiuso.*

a Il treno è veloce.   _____
b I maglioni sono grandi.   _____
c I caffè sono amari.   _____
d La casa è economica.   _____
e La signora è giovane.   _____
f I ragazzi sono alti.   _____
g Le gonne sono vecchie.   _____

4. Ergänzen Sie die Adjektive mit der richtigen Endung.

a A Milano e a Roma gli affitti sono car__ .
b Scusi, mi può aiutare? Cerco una poltrona comod__ ed economic__ .
c Il ragazzo di Tonia è simpatic__ e pure carin__ !
d Vivo a Napoli in una zona central__ .
e Ti piacciono le canzoni italian__ ?
f Mara indossa sempre vestiti elegant__ .
g Oggi Silvio porta una camicia ross__ .
h Stasera cucino un piatto cines__ .

14 Che bel quadro!
Was für ein schönes Bild!

Bello und buono

REGEL In der Regel stehen Adjektive nach dem Substantiv (→ Kap. 13).
Die Adjektive bello und buono werden stattdessen häufig vor dem Substantiv gebraucht und ändern dabei ihre Form.

Bello wird nach dem Muster des bestimmten Artikels gebildet.

il quadro ➡ bel quadro	i quadri ➡ bei quadri	schönes Bild / schöne Bilder
l'albero ➡ bell'albero	gli alberi ➡ begli alberi	schöner Baum / schöne Bäume
lo studio ➡ bello studio	gli studi ➡ begli studi	schönes Arbeitszimmer / schöne Arbeitszimmer
la giacca ➡ bella giacca	le giacche ➡ belle giacche	schöne Jacke / schöne Jacken
l'idea ➡ bell'idea	le idee ➡ belle idee	schöne Idee / schöne Ideen

Buono wird im Singular nach dem Muster des unbestimmten Artikels gebildet, im Plural gilt das regelmäßige Bildungsschema der Adjektive der -o/-a Gruppe (Endungen: -i, -e).

un libro ➡ buon libro	buoni libri	gutes Buch / gute Bücher
un amico ➡ buon amico	buoni amici	guter Freund / gute Freunde
uno spumante ➡ buono spumante	buoni spumanti	guter Sekt / gute Sektsorten
una pizza ➡ buona pizza	buone pizze	gute Pizza / gute Pizzen
un'amica ➡ buon'amica	buone amiche	gute Freundin / gute Freundinnen

! Stehen bello und buono nach dem Substantiv (oft auch in Verbindung mit essere), verhalten sie sich wie Adjektive (→ Kap 13) mit den regelmäßigen Endungen -o, -a, -i, -e.

Il quadro è bello.	I quadri sono belli.	Das Bild ist schön. / Die Bilder sind schön.
L'idea è bella.	Le idee sono belle.	Die Idee ist schön. / Die Ideen sind schön.
Il caffè è buono.	I caffè sono buoni.	Der Kaffee ist gut. / Die Kaffees sind gut.
La pizza è buona.	Le pizze sono buone.	Die Pizza ist gut. / Die Pizzen sind gut.

Bello und *buono* **14**

1. Verbinden Sie die linke mit der rechten Spalte zu sinnvollen Sätzen.

a Paola è una buon'   1 tempo.

b Oggi fa bel   2 partita a carte?

c Che bello   3 orologio!

d Hai due bei   4 amica.

e Gina e Claudia sono buone 5 lavoro.

f Facciamo una bella   6 spettacolo!

g Sì, sono contento, ho un buon 7 gatti!

h Ehi Mario, hai un bell'   8 amiche.

2. Wandeln Sie die Ausdrücke um, indem Sie den Plural oder den Singular bilden. Folgen Sie dem Beispiel.

un bello scherzo   *tanti begli scherzi*

a molti begli animali   un _____

b una bella storia   tante _____

c tanti buoni consigli   un _____

d un buon aperitivo   due _____

e una bell'auto   due _____

f tanti bei bambini   un _____

g un buono studente   due _____

3. Vervollständigen Sie mit den Formen von bello.

a Che _____ festa! Grazie per l'invito.

b I tuoi stivali sono proprio _____ .

c In giardino ho due _____ alberi.

d Che _____ uomo! Sai come si chiama?

e Silvia ha tre _____ bambini.

f Lo zaino di Fabio è _____ , vero?

g Che _____ attrice! È italiana?

h Il signor Graziano ha un _____ cane, ma non ha il pedigree!

4. Vervollständigen Sie mit den Formen von buono.

a Ho una _____ ricetta per la zuppa di zucchine, la vuoi?

b _____ compleanno, Danilo! Quanti anni compi?

c Questo arrosto è proprio _____ . Complimenti!

d Sì, è una _____ idea! Andiamo al cinema.

e In questo ristorante i primi piatti sono veramente _____ .

f Stasera vengono a cena Lia e Tina, due _____ amiche di mio figlio.

15 Finalmente soli!
Endlich allein!

Adverbien: Bildung und eigene Formen

 Adverbien sind im Italienischen unveränderlich. Anders als im Deutschen unterscheiden sie sich in der Form von den Adjektiven: buono *(gut)* – bene *(gut)*. Sie dienen zur näheren Bestimmung eines Verbs, eines Adjektivs, eines ganzen Satzes oder eines anderen Adverbs (→ Kap. 16).

Es gibt zwei Gruppen von Adverbien mit jeweils unterschiedlicher Formenbildung:

I. Gruppe: Die Adverbien auf **-mente** werden von Adjektiven abgeleitet und nach folgendem Muster gebildet:

- Bei Adjektiven auf -o/-a werden Adverbien von der weiblichen Form auf -a abgeleitet.
  chiaro ➡ chiara ➡ chiar**amente**   *klar*
  lento ➡ lenta ➡ lent**amente**   *langsam*

! Es gibt einige Sonderformen wie bene *(gut)* und male *(schlecht)*. Sie werden inhaltlich zwar von den Adjektiven buono *(gut)* bzw. cattivo *(schlecht)* abgeleitet, besitzen aber eine eigene Form (vgl. II. Gruppe der Adverbien).

- Bei Adjektiven auf -e wird -mente direkt angehängt.
  urgente ➡ urgent**emente**   *dringend*
  felice ➡ felic**emente**   *glücklich*

- Endet ein Adjektiv auf -le oder -re, entfällt der Endvokal -e bei der Bildung des Adverbs.
  finale ➡ fina**lmente**   *endlich*
  regolare ➡ regola**rmente**   *regelmäßig*

 II. Gruppe: Adverbien, die eine eigene Form besitzen und von keinem anderen Wort abgeleitet werden.
Beispiele sind: ieri *(gestern)*, oggi *(heute)*, di solito *(gewöhnlich)*, ancora *(noch)*, presto *(früh)*, forse *(vielleicht)*, troppo *(zu viel)*, volentieri *(gerne)* etc.

Adverbien: Bildung und eigene Formen 15

1. Entscheiden Sie, ob folgende Adverbien von Adjektiven mit Endung auf -o/-a oder auf -e abgeleitet werden, oder ob sie eine eigene Form haben. Tragen Sie sie in das passende Feld ein.

adesso   direttamente   poco   tardi   tranquillamente   debolmente

abbastanza

silenziosamente   elegantemente   dolcemente

-o/-a	-e	eigene Formen

2. Vervollständigen Sie folgendes Schema.

Adjektive	Adverbien
improvviso	_____
_____	rumorosamente
_____	specialmente
regolare	_____
breve	_____
generale	_____

3. Im Kasten sind waagerecht und senkrecht zehn Adverbien versteckt. Suchen Sie sie und schreiben Sie die deutsche Entsprechung auf.

S	O	T	T	O	M	A	P
P	L	O	N	T	A	N	O
E	À	B	R	E	I	C	C
S	E	M	P	R	E	O	O
S	A	D	E	N	T	R	O
O	G	G	I	L	I	A	N

_____   _____

_____   _____

_____   _____

_____   _____

4. Suchen Sie das Gegenteil. Verbinden Sie die linke mit der rechten Spalte.

a sempre   1 raramente
b poco   2 tristemente
c felicemente   3 malvolentieri
d spesso   4 mai
e volentieri   5 molto
f vicino   6 lontano

41

16 A mio padre piace vivere pericolosamente.
Mein Vater liebt das gefährliche Leben.

Adjektiv oder Adverb?

REGEL Adverbien können sich auf ein Verb, ein Adjektiv, einen ganzen Satz oder ein anderes Adverb beziehen. Adjektive hingegen beziehen sich auf Substantive.

A mio padre piace | vivere | **Adverb** pericolosamente.
Mein Vater liebt das gefährliche Leben. (wörtlich: *Mein Vater mag gefährlich leben.*)

Mio fratello non ama | gli sport | **Adjektiv** pericolosi. *Mein Bruder mag keine gefährlichen Sportarten.*

Ho un buon lavoro e una bella famiglia: sono | **Adv.** molto | felice.
Ich habe eine gute Arbeit und eine tolle Familie: Ich bin sehr glücklich.

Ho un buon lavoro e una bella famiglia: ho | **Adj.** molti | motivi | per essere felice.
Ich habe eine gute Arbeit und eine tolle Familie: Ich habe viele Gründe, um glücklich zu sein.

Buono oder bene?

In Italia si | mangia | **Adv.** bene. *In Italien isst man gut.*

La | pasta | è | **Adj.** buona. *Die Nudeln sind gut.*

Il | caffè | è | **Adj.** buono , ma non | fa | **Adv.** bene allo stomaco.
Der Kaffee schmeckt gut, ist aber nicht gut für den Magen.

Adjektiv oder Adverb? 16

1. Verbinden Sie die linke mit der rechten Spalte zu sinnvollen Sätzen.

a Questo gelato è . . .   1 presto domani.
b Oggi non mi sento . . .   2 mi sa dire che ora è?
c C'è una banca . . .   3 tanto bene.
d I ragazzi devono alzarsi . . .   4 proprio fortunato!
e Mariella è veramente . . .   5 molto buono!
f Cortesemente . . .   6 qui vicino?
g Vinco spesso al lotto: sono . . .   7 una persona speciale!

2. Vervollständigen Sie die Sätze mit den unten stehenden Wörtern und kreuzen Sie an, ob die angegebenen Wörter Adjektive oder Adverbien sind.

sempre   belli   volentieri   molta   inutile   molto   lontane

	Adjektiv	Adverb
a Se non piove l'ombrello è _____ .	☐	☐
b Quando il tempo è bello faccio _____ una passeggiata.	☐	☐
c Durante la settimana mi alzo _____ alle 7.00.	☐	☐
d All'Oktoberfest si beve _____ birra.	☐	☐
e I pantaloni che porti sono veramente _____ !	☐	☐
f I cow-boy usano cappelli _____ larghi.	☐	☐
g Purtroppo le vacanze estive sono ancora _____ !	☐	☐

3. Adjektiv oder Adverb? Fügen Sie die richtige Endung an.

a Eliana ha un lavoro particolar_____ .
b Lucio parla perfett_____ l'inglese e il francese.
c Stasera resto comod_____ a guardare la TV.
d I signori Orsi vivono in una zona tranquill_____ .
e Andiamo rar_____ al cinema il fine settimana.
f Questo romanzo è ver_____ interessante.
g Ehi Giuliana, sei proprio elegant_____ oggi!
h Il babà e la pastiera sono dolci tipic_____ della cucina napoletana.

4. Buono/-a/-i/-e oder bene? Ergänzen Sie.

a A Roma il cappuccino è proprio _____ !
b In questo ristorante si mangia veramente _____ .
c Basta, non ti voglio più _____ !
d Allora, ci vediamo domani! – Va _____ !
e I tuoi figli sono belli e _____ .
f Dottor Vitale, Le faccio una _____ proposta.
g I film d'amore finiscono sempre _____ !
h Sono _____ le clementine? – Certo, signora, sono dolcissime.

43

17 Vogliamo ritornare in Francia?
Wollen wir wieder nach Frankreich fahren?

Präpositionen in und a

Im Folgenden sind die wichtigsten Anwendungsregeln aufgeführt.

REGEL Die Präposition **in** wird verwendet:
- bei Orts- und Richtungsangaben (u. a. Ländernamen, Regionen, Kontinenten, einigen großen Inseln)
  Vogliamo ritornare in Francia?
    Wollen wir wieder nach Frankreich fahren?
  in banca, in montagna, in chiesa
    zur / in die Bank, in die / den Bergen, in der / die Kirche   * Silberhochzeit
- bei Zeitangaben
  in primavera, in gennaio, nel 2012   *im Frühling, im Januar, (im Jahr) 2012*
- bei der Angabe von Verkehrsmitteln und in feststehenden adverbialen Ausdrücken
  Andiamo in macchina o in treno?   *Fahren wir mit dem Auto oder mit dem Zug?*
  Lo spettacolo comincia in orario.   *Die Vorstellung fängt pünktlich an.*

REGEL Die Präposition **a** wird verwendet:
- bei Orts- und Richtungsangaben (u. a. Städten, kleinen Inseln)
  Ritorniamo a Parigi!   *Lass uns wieder nach Paris fahren!*
  al bar, a casa, al cinema, al ristorante, a letto, al mare   *in die / der Bar, zu / nach Hause, im / ins Kino, im / ins Restaurant, im / ins Bett, am / ans Meer*
- bei Angaben des indirekten Objekts (Frage: wem?)
  Scrivo una e-mail a Rossana.   *Ich schreibe Rossana eine E-Mail.*
- bei Zeitangaben
  alle cinque, a mezzanotte, a Natale   *um 5:00 Uhr, um Mitternacht, an Weihnachten*
- bei Angaben der Art und Weise und in feststehenden adverbialen Ausdrücken
  la cravatta a righe, a piedi   *die gestreifte Krawatte, zu Fuß*
- vor dem Infinitiv
  Non andiamo mai a ballare.   *Wir gehen nie tanzen.*

! Wenn die Präpositionen in und a sich mit dem bestimmten Artikel verbinden, ergeben sich folgende Formen:

	il	lo	l'	la	i	gli	le
in	nel	nello	nell'	nella	nei	negli	nelle
a	al	allo	all'	alla	ai	agli	alle

Präpositionen *in* und *a*

1. Welche Präposition passt? Tragen Sie die Wörter in den passenden Sack ein.

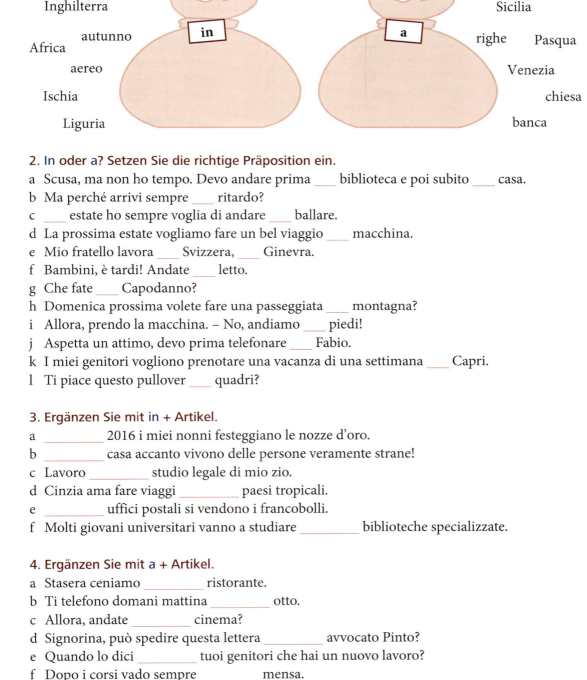

Inghilterra, autunno, Africa, aereo, Ischia, Liguria, Sicilia, righe, Pasqua, Venezia, chiesa, banca

2. In oder a? Setzen Sie die richtige Präposition ein.
a Scusa, ma non ho tempo. Devo andare prima ___ biblioteca e poi subito ___ casa.
b Ma perché arrivi sempre ___ ritardo?
c ___ estate ho sempre voglia di andare ___ ballare.
d La prossima estate vogliamo fare un bel viaggio ___ macchina.
e Mio fratello lavora ___ Svizzera, ___ Ginevra.
f Bambini, è tardi! Andate ___ letto.
g Che fate ___ Capodanno?
h Domenica prossima volete fare una passeggiata ___ montagna?
i Allora, prendo la macchina. – No, andiamo ___ piedi!
j Aspetta un attimo, devo prima telefonare ___ Fabio.
k I miei genitori vogliono prenotare una vacanza di una settimana ___ Capri.
l Ti piace questo pullover ___ quadri?

3. Ergänzen Sie mit in + Artikel.
a _____ 2016 i miei nonni festeggiano le nozze d'oro.
b _____ casa accanto vivono delle persone veramente strane!
c Lavoro _____ studio legale di mio zio.
d Cinzia ama fare viaggi _____ paesi tropicali.
e _____ uffici postali si vendono i francobolli.
f Molti giovani universitari vanno a studiare _____ biblioteche specializzate.

4. Ergänzen Sie mit a + Artikel.
a Stasera ceniamo _____ ristorante.
b Ti telefono domani mattina _____ otto.
c Allora, andate _____ cinema?
d Signorina, può spedire questa lettera _____ avvocato Pinto?
e Quando lo dici _____ tuoi genitori che hai un nuovo lavoro?
f Dopo i corsi vado sempre _____ mensa.

18 Torno da mia madre!
Ich gehe zu meiner Mutter zurück!

Präpositionen di und da

Die Präpositionen di und da kommen in sehr unterschiedlichen Kontexten vor, u. a. zur Zeit- und Herkunftsangabe. Im Folgenden sind die wichtigsten Anwendungsregeln aufgeführt.

Torno da mia madre!

Die Präposition **di** wird verwendet:
- bei Herkunftsangaben (mit essere)
  Sono di Milano.   *Ich bin aus Mailand.*
- bei Zeitangaben
  Di sera rimaniamo sempre a casa.   *Abends bleiben wir immer zu Hause.*
- bei Besitzangaben
  Il cane del nostro vicino abbaia continuamente.   *Der Hund unseres Nachbarn bellt ständig.*
- bei Angaben über die Beschaffenheit und das Material von Dingen (Baustoff u. ä.)
  Cerco una camicetta di lino.   *Ich suche eine Bluse aus Leinen.*
- bei Mengenangaben
  Un litro di latte, per favore.   *Ein Liter Milch, bitte.*

Die Präposition **da** wird verwendet:
- bei Herkunftsangaben
  Vengo da Palermo.   *Ich komme aus Palermo.*
- bei Orts- und Richtungsangaben (nur in Verbindung mit Personen)
  Torno da mia madre!   *Ich gehe zu meiner Mutter zurück!*
- bei Zeitangaben (seit, ab, von)
  Ti aspetto da due ore!   *Seit zwei Stunden warte ich auf dich!*
- bei Angaben des Zwecks
  occhiali da sole, camera da letto   *Sonnenbrille, Schlafzimmer*

! Wenn die Präpositionen di und da zusammen mit dem bestimmten Artikel auftreten, ergeben sich folgende Formen:

	il	lo	l'	la	i	gli	le
di	del	dello	dell'	della	dei	degli	delle
da	dal	dallo	dall'	dalla	dai	dagli	dalle

Präpositionen *di* und *da* 18

1. Bilden Sie Sätze.

a Partiamo con la nave   pranzo.
b Il gatto siamese   patate, per piacere.
c Porto i fiori in sala   da   mia zia.
d La mia amica Mercedes è   Pietro scappa sempre!
e Vorrei un chilo   Madrid.
f Ti piace la mia borsa   di   Napoli.
g Luisa è malata   tre giorni.
h Stasera ceniamo   pelle?

2. Di oder da? Setzen Sie die richtige Präposition ein.

a Questi sono Kostantinos e Georgios, sono ____ Atene.
b Noi veniamo ____ Cosenza, e voi?
c Buongiorno! Può darmi due etti ____ mortadella?
d ____ martedì comincio un nuovo lavoro.
e Ci porta un'altra bottiglia ____ acqua minerale, per favore?
f Posso provare quel pullover rosso ____ cotone che è in vetrina?
g Mamma, stasera dormo ____ Roberto.
h Non mi aspettate per cena, vado ____ Luigi a giocare a scacchi.
i Il padre ____ Eleonora è direttore di banca.
j ____ pomeriggio prendiamo sempre il tè con i biscotti.
k ____ domani faccio jogging!
l Il treno ____ Milano è in ritardo.

3. Ergänzen Sie mit di + Artikel.

a La villa _____ vicini è proprio bella!
b Il gioco _____ calcio piace, ora, anche agli americani.
c Di dove sei? – Sono _____ provincia di Siena.
d Il racconto _____ tue avventure è veramente interessante!
e Mi puoi dare la ricetta _____ strudel?
f Non ricordo il nome _____ amici di Valerio.

4. Ergänzen Sie mit da + Artikel.

a _____ primo gennaio 2001 in Europa si usa l'euro.
b Lavoro _____ 8.00 alle 16.00, e tu?
c Questa estate vado in Inghilterra _____ miei zii.
d Franz e Peter vengono _____ Austria.
e _____ prossima settimana devo lavorare anche il sabato.
f Puoi tradurre questa lettera _____ spagnolo?

47

19 Per te sono pronto a tutto!
Für dich bin ich zu allem bereit!

Präpositionen con, su, per, tra / fra

> REGEL

con – Die Präposition con wird in der Bedeutung von *mit* verwendet.
Stasera esco con Roberto.
Heute Abend gehe ich mit Roberto aus.
Posso pagare con la carta di credito?
Kann ich mit der Kreditkarte zahlen?

> REGEL

su – Die Präposition su wird für Orts- und Richtungsangaben verwendet.
Dov'è la bottiglia? – È su quel tavolo.
Wo ist die Flasche? – Sie ist auf dem Tisch da.
A Natale andiamo sulle Dolomiti.   *An Weihnachten fahren wir in die Dolomiten.*

> REGEL

per – Die Präposition per wird verwendet:
- in der Bedeutung von *für*
  Per te sono pronto a tutto.   *Für dich bin ich zu allem bereit.*
- bei Richtungsangaben (mit dem Verb partire und mit Verkehrsmitteln)
  Domani partiamo per Roma.   *Morgen fahren wir nach Rom.*
  il bus per Palermo   *der Bus nach Palermo*
- bei Zeitangaben (Zeitdauer, Zeitpunkt)
  Avete una camera per due notti?   *Haben Sie ein Zimmer für zwei Nächte?*
- bei Angaben des Zwecks (auch in Verbindung mit einem Infinitiv in der Bedeutung von *um … zu*)
  Vado in biblioteca per fare una ricerca.   *Ich gehe in die Bibliothek, um eine Recherche zu machen.*

> REGEL

tra / fra – Die gleichbedeutenden Präpositionen tra / fra werden verwendet:
- in der Bedeutung von *zwischen*
  La banca si trova tra la farmacia e il bar.   *Die Bank liegt zwischen Apotheke und Bar.*
- in der Bedeutung von *in* (zeitlich)
  Fra due anni mi sposo.   *Ich heirate in zwei Jahren.*

! Wenn die Präposition su zusammen mit dem bestimmten Artikel auftritt, ergeben sich folgende Formen:

	il	lo	l'	la	i	gli	le
su	sul	sullo	sull'	sulla	sui	sugli	sulle

48

Präpositionen *con, su, per, tra / fra* 19

1. Con oder su, mit oder ohne Artikel? Setzen Sie die richtige Präposition ein.

a Le escursioni _____ Etna sono pericolose.

b Voglio fotografare il panorama _____ la mia nuova macchina fotografica.

c Dove trovi queste notizie? – _____ una rivista specializzata.

d Venite _____ me al cinema domani?

e Vorrei un cornetto _____ la crema.

f Hai una macchia _____ scarpe. – Ah, è vero!

2. Per oder tra / fra? Setzen Sie die richtige Präposition ein.

a Il treno ____ Venezia viaggia con 15 minuti di ritardo.

b L'appuntamento dal dentista è ____ giovedì prossimo.

c Lo spettacolo inizia ____ due ore.

d Sabato i miei genitori partono ____ i Caraibi.

e ____ un anno vado in pensione.

f Salvatore scrive poesie d'amore ____ la sua ragazza, Paola.

3. Bringen Sie die Satzteile in die richtige Reihenfolge.

a vado   la mostra   vedere   di de Chirico   per   al museo

_____

b fra   gli studi   finisce   un anno   ~~Francesco~~

Francesco _____

c il telefonino   con   la carta di credito   pago

_____

d vista sul mare   vogliamo   ~~per~~   una camera   la luna di miele   con

Per _____

e l'Italia   il Mare Mediterraneo   c'è   e la Spagna   tra

4. Ergänzen Sie mit der passenden Präposition: con, su (+ Artikel), per, tra / fra.

a Ho bisogno di un costume _____ andare al mare.

b È sempre piacevole passare una serata _____ gli amici.

c _____ qualche giorno arriva un mio amico dalla Francia.

d Ho una sorpresa _____ te! – Davvero?

e Perché non andiamo a sciare _____ Alpi?

f Mi puoi prestare la tua macchina _____ un giorno?

g L'ufficio di mio padre si trova _____ la banca e l'ospedale.

h Devo prendere assolutamente il prossimo volo _____ Los Angeles.

49

20 È la decima volta che ci arriva questa offerta speciale.
Zum zehnten Mal bekommen wir dieses Sonderangebot.

* Was für eine Qual!

Grund- und Ordnungszahlen

- Die **Grundzahlen** sind männlich und normalerweise unveränderlich.
- Zero *(Null)*, milione *(Million)* und miliardo *(Milliarde)* besitzen eine Pluralform auf -i: due zeri *(zwei Nullen)*. Folgt auf milione und miliardo ein Substantiv, so muss die Präposition di eingefügt werden: tre milioni di abitanti *(drei Millionen Einwohner)*.
- Grundzahlen, die auf -tre enden, erhalten einen Akzent: trentatré
- Bei zusammengesetzten Zahlen mit uno und otto verliert die Zehnerzahl den Endvokal: vent(i) + uno ➡ ventuno; sessant(a) + otto ➡ sessantotto

0	zero	10	dieci	20	venti	30	trenta	101	centouno
1	uno	11	undici	21	ventuno	31	trentuno	102	centodue
2	due	12	dodici	22	ventidue	32	trentadue	200	duecento
3	tre	13	tredici	23	ventitré	40	quaranta	300	trecento
4	quattro	14	quattordici	24	ventiquattro	50	cinquanta	1000	mille
5	cinque	15	quindici	25	venticinque	60	sessanta	2000	duemila
6	sei	16	sedici	26	ventisei	70	settanta	10.000	diecimila
7	sette	17	diciassette	27	ventisette	80	ottanta	100.000	centomila
8	otto	18	diciotto	28	ventotto	90	novanta		
9	nove	19	diciannove	29	ventinove	100	cento		

- Die **Ordnungszahlen** sind Adjektive (→ Kap. 13) und richten sich nach ihrem Bezugswort: il primo anno *(das erste Jahr)*, la decima volta *(das zehnte Mal)*.
- Die Ordnungszahlen bis zur Zahl 10 sind unregelmäßig. Ab der Zahl 11 wird an die Grundzahl die Endung -esimo angefügt, dabei entfällt der Endvokal der Grundzahl: vent(i) + -esimo ➡ ventesimo *(zwanzigster)*. Der Endvokal entfällt nicht bei Zahlen, die auf -tré enden: trentatré + -esimo ➡ trentatreesimo *(dreiunddreißigster)*.

1°	primo	4°	quarto	7°	settimo	10°	decimo
2°	secondo	5°	quinto	8°	ottavo	11°	undicesimo
3°	terzo	6°	sesto	9°	nono	12°	dodicesimo

Grund- und Ordnungszahlen 20

1. Im Kasten sind die angegebenen Grundzahlen senkrecht oder waagerecht versteckt. Suchen Sie sie.

q	u	s	e	s	s	a	n	t	a
t	r	e	d	i	c	i	d	i	r
r	d	i	c	i	o	t	t	o	e
e	u	m	i	l	l	e	o	t	u
m	e	i	n	o	v	e	q	t	n
i	l	l	q	u	a	t	t	r	o
l	i	a	u	z	e	r	o	e	r
a	t	v	e	n	t	u	n	o	a

21

1   60

18   13

2   6000   5

4   1000   9

3   0

3000

2. Schreiben Sie die Grundzahlen aus. Folgen Sie dem Beispiel.

15 → _quindici_

a 58 → _____   g 33 → _____

b 125 → _____   h 12 → _____

c 8000 → _____   i 76 → _____

d 66 → _____   j 20.000 → _____

e 423 → _____   k 1992 → _____

f 90 → _____   l 3.000.000 → _____

3. Schreiben Sie die Ordnungszahlen aus. Folgen Sie dem Beispiel.

diciannove → _diciannovesimo_

a trenta → _____   g diciotto → _____

b dieci → _____   h sei → _____

c cento → _____   i mille → _____

d sette → _____   j sedici → _____

e due → _____   k quattro → _____

f cinquanta → _____   l ventitré → _____

4. Übersetzen Sie folgende Ausdrücke.

a eine Million Euro _____

b der dritte Stock _____

c die ersten Worte _____

d zwei Milliarden Menschen _____

e die fünfte Querstraße _____

f die ersten Freunde _____

21 Sono le sette e venti.
Es ist zwanzig nach sieben.

Diego: *Gemma, dove sei?*
Sono le sette e venti.
Il film comincia
alle sette e mezza!
Gemma: *Guarda che*
io sono all'entrata
del cinema.

Uhrzeit und Datum

Zur Angabe der **Uhrzeit** werden die Grundzahlen (→ Kap. 20) verwendet.

- Die volle Stunde wird mit **sono le / è (l') + Stunde** wiedergegeben.
  Sono le sette. / Sono le otto.   *Es ist sieben Uhr. / Es ist acht Uhr.*
  Nur folgende Uhrzeiten werden im Singular angegeben:
  È mezzogiorno. / È l'una. / È mezzanotte.   *Es ist Mittag. / Es ist ein Uhr. / Es ist Mitternacht.*

- Die Uhrzeit nach der vollen Stunde bis 20 Minuten vor der nächsten vollen Stunde wird
  wie folgt ausgedrückt: **sono le / è (l') + Stunde + e + Minuten**
  Sono le tre e un quarto.   *Es ist Viertel nach drei.*
  Sono le sette e venti.   *Es ist zwanzig nach sieben.*
  È l'una e mezzo / mezza.   *Es ist halb zwei.*

- Ab 20 Minuten vor der nächsten vollen Stunde wird die Uhrzeit wie folgt wiedergegeben:
  sono le / è (l') + darauf folgende Stunde + meno + Minuten
  Sono le otto meno venti.   *Es ist zwanzig vor acht.*
  È mezzanotte meno cinque.   *Es ist fünf vor zwölf.*

! Bei offiziellen Zeitangaben (z. B. in Flughäfen oder Bahnhöfen) werden wie im Deutschen
die 24 Stunden durchgezählt: 20.50 ➡ **venti e cinquanta**

Die Frage nach der Uhrzeit lautet: **Che ora è?** oder **Che ore sono?**   *Wie spät ist es?*
Anstelle der deutschen Präposition *um* in Verbindung mit der Uhrzeit wird im Italienischen
die Präposition *a* (+ Artikel, → auch Kap. 17) gebraucht.
A che ora comincia il film?   *Um wie viel Uhr fängt der Film an?*
Il film comincia alle sette e mezza.   *Der Film fängt um halb acht an.*

Das **Datum** wird mit den Grundzahlen (→ Kap. 20) ausgedrückt. Für den ersten Tag
eines Monats verwendet man die Ordnungszahl **primo** *(erster)*.
Oggi è il dieci maggio.   *Heute ist der zehnte Mai.*
Domani è il primo giugno.   *Morgen ist der erste Juni.*

Will man sich nach dem Datum erkundigen, so kann man fragen **Quanti ne abbiamo oggi?**
(Der Wievielte ist heute?) oder **Che giorno è oggi?** *(Welcher Tag ist heute?).*

Uhrzeit und Datum 21

1. Kreuzen Sie die richtige Form an.

a Sei ancora a letto! Sono . . . .
- [ ] le dieci
- [ ] mezzogiorno

b Che ore . . . ?
- [ ] è
- [ ] sono

c Renato arriva . . . cinque.
- [ ] all'
- [ ] alle

d . . . maggio è la festa dei lavoratori.
- [ ] L'uno
- [ ] Il primo

e È mezzanotte meno . . . .
- [ ] un quarto
- [ ] quarto

f . . . gennaio si festeggia l'Epifania.
- [ ] Il sei
- [ ] Il sesto

2. Vervollständigen Sie die Uhrzeiten mit e oder meno.

(13.30)	*È l'una e mezza.*

a (13.45) Sono le due _____ un quarto.

b (18.25) Sono le sei _____ venticinque.

c (10.10) Sono le dieci _____ dieci.

d (11.55) È mezzogiorno _____ cinque.

e (20.40) Sono le nove _____ venti.

f (00.12) È mezzanotte _____ dodici.

3. Geben Sie die Uhrzeit an. Folgen Sie dem Beispiel.

14.40 → *Sono le tre meno venti.*

a   9.10 → _____

b 12.30 → _____

c 23.50 → _____

d 11.18 → _____

e 17.35 → _____

f 12.40 → _____

4. Übersetzen Sie die Sätze.

a Welcher Tag ist heute?

b Es ist fünf nach halb sechs.

c Um wie viel Uhr fährt der Zug ab?

d Ich esse Mittag um ein Uhr.

e Heute ist der dritte Juli.

f Rosa steht um sieben Uhr auf.

22 Vorrei delle mele ...
Ich möchte Äpfel ...

Teilungsartikel bei unbestimmten Mengenangaben

 Um im Italienischen eine unbestimmte Menge auszudrücken, verwendet man den Teilungsartikel. Im Deutschen gibt es dafür keine Entsprechung. Die Formen werden durch die Zusammensetzung der Präposition *di* mit den bestimmten Artikeln gebildet.

Vorrei delle mele. *Ich möchte Äpfel.*
Ci può portare del pane? *Können Sie uns (etwas) Brot bringen?*

Singular		
del (di + il)	prosciutto	*Schinken*
dello (di + lo)	zucchero	*Zucker*
dell' (di + l')	olio (m)	*Öl*
della (di + la)	carne	*Fleisch*
dell' (di + l')	uva (w)	*Trauben*

Plural		
dei (di + i)	carciofi	*Artischocken*
degli (di + gli)	asparagi, spinaci	*Spargel / Spinat*
delle (di + le)	fragole	*Erdbeeren*

! Bei bestimmten Mengenangaben verwendet man die Präposition *di*, jedoch ohne Artikel.
Vorrei un chilo di mele. *Ich möchte ein Kilo Äpfel.*
Ci può portare una bottiglia di vino? *Können Sie uns eine Flasche Wein bringen?*

Teilungsartikel bei unbestimmten Mengenangaben 22

1. Ordnen Sie die Wörter dem entsprechenden Artikel zu.

| pane | aranciata | zafferano | spumante | fiori | gnocchi | pesce | acqua | aceto |
| giornali | pere | pasta | zucchini | albicocche |

del	dello	dell'	della	dei	degli	delle

2. Beschreiben Sie, was in der Einkaufstasche ist. Benutzen Sie dabei die Teilungsartikel.

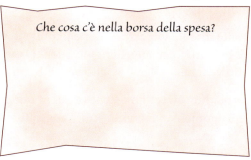

Che cosa c'è nella borsa della spesa?

3. Verwandeln Sie die bestimmten Mengenangaben in unbestimmte.

    un chilo di mele   *delle mele*
a un litro di birra   _____
b mezzo chilo di funghi   _____
c due pacchi di spaghetti   _____
d un barattolo di ananas   _____
e un litro di vino   _____
f un vasetto di yogurt   _____
g due etti di mortadella   _____
h una bottiglia di acqua minerale   _____
i una scatola di cioccolatini   _____

4. Ergänzen Sie mit di oder di + Artikel.
a Vorrei un barattolo _____ marmellata e _____ zucchero.
b Vado a comprare _____ salame per il picnic.
c Mi serve un set _____ coltelli.
d In cartoleria ci sono _____ buste da lettera colorate.
e Ha _____ zucchini freschi?
f Mi taglia un etto _____ prosciutto di Parma?
g Devo comprare _____ panna per il dolce.
h Buongiorno, vorrei un chilo _____ arance e anche _____ uva.

23 Allora mi ami!
Also liebst du mich!

Direkte Objektpronomen (mi, me, ti, te ...)

Die direkten Objektpronomen ersetzen ein direktes Objekt. Sie entsprechen den Akkusativpronomen im Deutschen. Man unterscheidet zwischen betonten und unbetonten direkten Objektpronomen.

Unbetonte direkte Objektpronomen (mi, ti, lo, la, La, ci, vi, li, le) stehen in der Regel vor dem konjugierten Verb.
Allora mi ami!   *Also liebst du mich!*

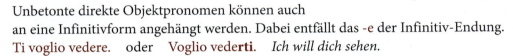

Unbetonte direkte Objektpronomen können auch an eine Infinitivform angehängt werden. Dabei entfällt das -e der Infinitiv-Endung.
Ti voglio vedere.   oder   Voglio vederti.   *Ich will dich sehen.*

Das Verneinungswort non steht vor dem unbetonten Objektpronomen. Wenn das unbetonte Objektpronomen an einen Infinitiv angehängt wird, steht es wie üblich vor dem konjugierten Verb (→ Kap. 27).
Non mi ama.   *Er liebt mich nicht.*   Non voglio vederti.   *Ich will dich nicht sehen.*

Betonte direkte Objektpronomen (me, te, lui, lei, Lei, noi, voi, loro) stehen immer nach dem Verb und werden nicht an den Infinitiv angehängt. Man verwendet sie in Zusammenhang mit Präpositionen oder um etwas hervorzuheben. Das Verneinungswort non steht vor dem konjugierten Verb.
Non possiamo venire da te stasera.   *Wir können heute Abend nicht zu dir kommen.*
Amo solo te.   *Ich liebe nur dich.*

	unbetont	betont			unbetont	betont	
Singular	mi	me	mich	**Plural**	ci	noi	uns
	ti	te	dich		vi	voi	euch / Sie
	lo	lui	ihn		li / le	loro	sie (m/w)
	la	lei	sie				
	La	Lei	Sie				

Lo und la können vor einem Vokal oder dem Anfangsbuchstaben h apostrophiert werden.
L'invito.   *Ich lade ihn / sie ein.*

Will man ein Objekt hervorheben, so stellt man es im Satz an erste Stelle und es folgt das betreffende unbetonte Objektpronomen.
La cioccolata la vuole con o senza panna?   *Möchten Sie die Schokolade mit oder ohne Sahne?*

Direkte Objektpronomen (mi, me, ti, te . . .) 23

1. Beantworten Sie die Fragen. Folgen Sie dem Beispiel.

Vuoi il gelato?   *Sì, lo voglio. / No, non lo voglio.*

a Mi ami?   No, _____

b Rosa, mangi la frutta?   Sì, _____

c Vedi quell'uccello?   Sì, _____

d Ci venite a trovare?   No, _____

e Hai delle sigarette?   Sì, _____

f Scusi, mi può aiutare?   Sì, _____

2. Schreiben Sie die Geschichte um, indem Sie die unterstrichenen Wörter mit den passenden Objektpronomen an der richtigen Stelle ersetzen.

Luca e la bambola

Mi chiamo Chiara e ho 8 anni. Ho tanti giocattoli. Ho i giocattoli in una grande cesta. Amo soprattutto una bambola di pezza. Tutte le mie amiche vorrebbero avere la bambola di pezza. Io ho anche altre bambole, ma lascio le bambole sempre nella cesta perché non mi piacciono più. Ho un fratellino più piccolo, Luca. Io adoro Luca e gioco tutti i giorni con Luca. Prendiamo la mia bambola e giochiamo con la bambola per ore. Luca e la bambola, io amo solo Luca e la bambola!

3. Ergänzen Sie das betonte oder unbetonte Objektpronomen.

a Vado al cinema stasera. Vuoi venire con _____ ?

b Quel ragazzo ti sta guardando da due ore! – No, sta guardando _____ !

c Ogni volta che usciamo insieme, vediamo quell'uomo. Ma allora _____ segue!

d Mariella e Ludovico non possono venire alla festa. – Oh, mi dispiace per _____ !

e Ho una macchina nuova. Vuoi veder_____ ?

f Giovanni, _____ posso chiamare domani in ufficio?

g I signori Frasconi sono proprio noiosi. Non _____ sopporto!

h Cerco Raffaella da due giorni! – Perché cerchi proprio _____ ?

4. Verbinden Sie die linke mit der rechten Spalte.

a La pasta   1 la chiami tu o la chiamo io?

b Il caffè   2 lo bevo corretto.

c Gli esami   3 la mangiamo sempre volentieri.

d Le vacanze   4 le prendiamo ad agosto o a settembre?

e Nadia   5 non lo leggo mai.

f Il giornale   6 li vai a fare domani?

g Le scarpe   7 le compro sempre con i tacchi alti.

24 Ti porto una bibita.
Ich bringe dir ein Getränk.

Indirekte Objektpronomen (mi, a me, ti, a te …)

REGEL Die indirekten Objektpronomen (mi, a me, ti, a te etc.) ersetzen ein indirektes Objekt, das mit der Präposition a eingeleitet wird (z. B. a Maria, al dottore). Sie entsprechen dem Dativ im Deutschen.

indirektes Objekt	indirektes Objektpronomen
↓	↓
Regalo a Rocco un CD.	Gli regalo un CD.
Ich schenke Rocco eine CD.	*Ich schenke ihm eine CD.*

Man unterscheidet zwischen betonten und unbetonten indirekten Objektpronomen.

➡ **Unbetonte indirekte Objektpronomen** (mi, ti, gli, le, Le, ci, vi, gli) stehen gewöhnlich vor dem konjugierten Verb.

Ti porto una bibita.
Ich bringe dir ein Getränk.

Unbetonte indirekte Objektpronomen können auch an eine Infinitivform angehängt werden. Dabei entfällt das -e der Infinitiv-Endung. Das Verneinungswort non steht vor den unbetonten Objektpronomen. Wenn das unbetonte Objektpronomen an einen Infinitiv angehängt wird, steht non wie üblich vor dem konjugierten Verb (→ Kap. 27).

Eugenio mi può prestare la sua moto. oder
Eugenio può prestarmi la sua moto.
Eugenio kann mir sein Motorrad leihen.
Giuseppe non mi crede.
Giuseppe glaubt mir nicht.
Giuseppe non vuole credermi.
Giuseppe will mir nicht glauben.

➡ **Betonte indirekte Objektpronomen** (a me, a te, a lui, a lei, a Lei, a noi, a voi, a loro) stehen sowohl vor als auch nach dem Verb sowie vor dem Subjekt. Sie dienen der Hervorhebung. Das Verneinungswort non steht vor dem konjugierten Verb.

I colori pastello a te stanno molto bene. oder
A te i colori pastello stanno molto bene.
Pastellfarben stehen dir sehr gut.

A me questa storia non interessa.
Mich interessiert diese Geschichte nicht.

	unbetont	betont			unbetont	betont	
Singular	mi	a me	*mir*	**Plural**	ci	a noi	*uns*
	ti	a te	*dir*		vi	a voi	*euch / Ihnen*
	gli	a lui	*ihm*		gli	a loro	*ihnen*
	le	a lei	*ihr*				
	Le	a Lei	*Ihnen*				

Indirekte Objektpronomen (*mi, a me, ti, a te . . .*) 24

1. Verbinden Sie die linke mit der rechten Spalte zu sinnvollen Sätzen.

a Da quando vivo all'estero . . .
b Gli zii di Ada per il suo compleanno . . .
c Attenzione! Se non hai il biglietto . . .
d Quando viene Vincenzo . . .
e A noi piace . . .
f Signora, . . .

1 ti fanno una multa di 30 euro!
2 mi mancano la pizza e la pasta.
3 il nostro lavoro. A voi no?
4 Le porto qualcosa da bere?
5 le regalano ogni anno la stessa cosa!
6 gli faccio vedere il televisore nuovo.

2. Antworten Sie mit dem zutreffenden Objektpronomen wie im Beispiel.

Ti serve la bicicletta?   *Sì, mi serve. / No, non mi serve.*

a Ti piace il cinema di Fellini?   No, _____.
b Allora, mi telefoni domani?   Sì, _____.
c Mamma, ci prepari uno spuntino?   Sì, _____ dei tramezzini.
d Vi serve la macchina stasera?   No, _____.
e A Maria regali un orologio per Natale? Sì, _____ un orologio di Cartier.
f A Danilo dispiace se non vado alla sua festa? Sì, _____ sicuramente moltissimo!

3. Wandeln Sie die Sätze um, indem Sie die unterstrichenen Wörter durch die passenden unbetonten indirekten Objektpronomen ersetzen.

Domani mando un'e-mail al dottor Fini.   *Domani gli mando un'e-mail.*

a Perché non spieghi a me come funziona
     il lettore DVD?
b A Enrico e Fabio non interessa il calcio.
c Signora Lusani, mi dispiace, a Lei non
     posso dare un aumento.
d A noi il tecnico consiglia di comprare
     una lavatrice nuova.
e A voi non manca niente, vero?
f Perché a te non piace vedere la partita
     la domenica?

4. Ergänzen Sie mit den betonten oder unbetonten Objektpronomen.

a Signora, ____ consiglio di mangiare meno dolci.
b Giulio, a me non piacciono proprio queste foto, e a ____ ?
c Luisa è molto triste perché sua madre non ____ permette di andare alla gita di classe!
d Ragazzi, a me non interessa proprio questo programma. A ____ ?
e Paolo, ____ dai una mano per favore? – Sì, papà, vengo subito.
f Vittorio e io ascoltiamo musica rap. Questo genere musicale ____ piace moltissimo.
g Avete sete? Possiamo offrir____ qualcosa da bere?
h Se vedi Giovanna ed Elpidio, ____ dici di chiamarmi urgentemente sul cellulare?

25 Gliela prendo.
Ich hole sie Ihnen.

* Gen-Banane

Zusammengesetzte Objektpronomen (me lo, te lo, glielo, gliela ...)

 So wie im Deutschen ist es auch im Italienischen möglich, verschiedene Pronomen zu kombinieren. Wenn ein unbetontes indirektes Objektpronomen (z. B. mi) und ein unbetontes direktes Objektpronomen (z. B. lo) aufeinanderfolgen, entstehen dabei folgende Formen:

	mi	ti	gli / le	Le	ci	vi
lo	me lo	te lo	glielo	Glielo	ce lo	ve lo
la	me la	te la	gliela	Gliela	ce la	ve la
li	me li	te li	glieli	Glieli	ce li	ve li
le	me le	te le	gliele	Gliele	ce le	ve le

⇨ Im Gegensatz zum Deutschen steht im Italienischen normalerweise das indirekte Objektpronomen vor dem direkten Objektpronomen.
Gliela prendo.   *Ich hole sie Ihnen.*

⇨ Die indirekten Pronomen nehmen in der Kombination mit den direkten Pronomen neue Formen an: mi ➡ me, ti ➡ te, ci ➡ ce, vi ➡ ve
Me lo dai?   *Gibst du es / ihn mir?*
Die Pronomen gli und le werden in Verbindung mit lo, la, li, le zusammengeschrieben und nehmen dabei die Form glie- an.
Glielo spieghi?   *Erklärst du es ihm / ihr?*

⇨ Stehen zusammengesetzte Objektpronomen in Verbindung mit einer Infinitivform, so können sie an den Infinitiv angehängt werden. Dabei entfällt das -e der Infinitivendung und die zusammengesetzten Objektpronomen werden zusammengeschrieben.
Non te lo posso dire.   oder   **Non posso dirtelo.**   *Ich darf es dir nicht sagen.*
Glielo puoi spiegare tu, per favore?   oder   **Puoi spiegarglielo tu, per favore?**
   Kannst du es ihm / ihr bitte erklären?

Zusammengesetzte Objektpronomen (*me lo, te lo, glielo, gliela . . .*) 25

1. Vervollständigen Sie mit den Pronomen.

ve la	me le	Gliele	ce la	gliela	me li	te lo	glielo

a Hai delle belle scarpe. _____ presti per andare sabato alla festa?

b Quando compriamo il regalo a Sergio? – _____ compro io domani.

c Direttore, devo spostare la Sua macchina. Mi può dare le chiavi? _____ riporto subito.

d Mamma, ci racconti una favola? – Stasera _____ racconta papà.

e Devo scrivere un'e-mail ai miei amici di Sondrio. _____ scrivo oggi dopo il lavoro.

f Vi preparo una torta? – Sì! _____ fai con la crema?

g Che bel quadro! – Se vuoi _____ regalo.

h Fai sempre dei dolci squisiti, però non _____ fai assaggiare mai!

2. Wandeln Sie die Sätze um, indem Sie die unterstrichenen Wörter durch die zusammengesetzten Pronomen ersetzen.

Devo preparare la merenda ai ragazzi.   *Gliela devo preparare.*

a I nostri genitori ci regalano un cane. _____

b Quando vi dobbiamo restituire la macchina? _____

c Puoi prendere il cappotto a tua madre? _____

d Mi dai i soldi? _____

e Adesso ti racconto una barzelletta. _____

f Le posso consegnare i documenti domani? _____

3. Verbinden Sie die linke mit der rechten Spalte zu sinnvollen Sätzen.

a Se non hai tempo, i libri . . .   1 ve lo offro io.

b Il vestito . . .   2 glieli regala papà per Natale.

c Amici, oggi il pranzo . . .   3 non può ripararcelo.

d Professore, la regola . . .   4 te li riporto io in biblioteca.

e Signora, le valigie . . .   5 me lo accorcia la sarta.

f Nonna, la spesa . . .   6 te la facciamo più tardi.

g Il tecnico dice che il televisore . . . 7 ce la può spiegare di nuovo?

h A mamma i guanti . . .   8 Gliele porto in camera.

4. Beantworten Sie die Fragen. Folgen Sie dem Beispiel.

Mi fai un tè?   *Sì, te lo faccio. / No, non te lo faccio.*

a Scusi, ci dà un'informazione?   Sì, _____ volentieri.

b Mi compri un litro di latte?   Certo, _____ più tardi.

c Dici a Luciana che la cerco?   Sì, se la vedo _____ .

d Ci fai provare i Rollerblade?   No, _____ !

e Mi presti 50 euro?   Certo, _____ se ti servono.

f Allora, ti compri queste scarpe? Sì, _____ .

26 Ti piace?
Gefällt es dir?

* hier: Stil

Das Verb piacere (mi piace / mi piacciono)

 Das Verb **piacere** *(gefallen, mögen)* ist ein unregelmäßiges Verb, das meist unpersönlich gebraucht wird. Die Verbform hängt vom Substantiv ab, auf das sie sich bezieht. Steht das Substantiv in der Einzahl, wird die Form **piace** (3. Person Sing.) gebraucht. Steht das Substantiv in der Mehrzahl, wird **piacciono** (3. Person Pl.) gebraucht. Das Verb **piacere** steht immer in Verbindung mit einem indirekten Objekt oder Objektpronomen (**mi**, **ti**, **gli** . . .).

| Substantiv im Singular ➡ piace |

Ti piace il vestito?   *Gefällt dir das Kleid?*
Il cappello mi piace.   *Der Hut gefällt mir.*

| Substantiv im Plural ➡ piacciono |

I concerti non mi piacciono per niente.   *Konzerte mag ich gar nicht.*
Vi piacciono le penne all'arrabbiata?   *Mögt ihr Röhrennudeln mit „arrabbiata"-Soße?*

 Folgt dem Verb **piacere** ein Infinitiv, wird die Form **piace** (3. Person Sing.) gebraucht.

| Infinitiv ➡ piace |

A Giorgio piace sciare.   *Giorgio fährt gerne Ski.*
Ci piace molto giocare a tennis.   *Wir spielen sehr gerne Tennis.*

Das Verb piacere (*mi piace / mi piacciono*) 26

1. Bringen Sie die Wörter in die richtige Reihenfolge.

a piace – paesi – visitare – stranieri – ci

b Lia – a – piacciono – i gioielli – non

c la pittura – piace – a – lei – surrealista

d guidare di notte – mio fratello – piace – a

e non – la musica rock? – piace – ti

2. Tragen Sie die unten stehenden Elemente in die zutreffende Spalte ein.

Mi piace . . .

ballare il tango
le scarpe con i tacchi alti
i ragazzi muscolosi
suonare la batteria
cenare fuori
il vino rosso
il caffè corretto
il basket

Mi piacciono . . .

3. Fügen Sie die Formen von piacere ein.

a A me non _____ stirare. E a te?

b Flora è una ragazza sensibile, le _____ la musica e adora dipingere.

c Se vi _____ ballare, allora andiamo in discoteca!

d Non mi _____ le persone che pensano solo alla carriera.

e A Renato non _____ andare in vacanza da solo, gli _____ stare in compagnia.

f Ti _____ gli spaghetti alla carbonara?

g A noi _____ molto i thriller, a voi?

h Mio padre ama tutti gli sport. Gli _____ soprattutto la Formula 1.

4. Vervollständigen Sie die Sätze mit piacere und jeweils einer der unten stehenden Angaben.

leggere   l'italiano   i colori scuri e gli abiti lunghi   cucinare   il giardinaggio
il tennis e la pallavolo   viaggiare con i mezzi pubblici   guardare la TV

a Voglio regalare un libro di ricette alla mia ragazza perché le _____ .

b A Livia _____ , infatti ha una stanza piena di libri!

c Due miei amici vogliono fare un corso di lingua a Perugia: a loro _____ molto

_____ .

d Mirella è una ragazza sportiva: a lei _____ .

e Per andare in ufficio prendo l'auto perché non mi _____ .

f Mi _____ , così sembro più magra!

g A Gerardo _____ . Trascorre le ore a curare piante e fiori.

h Veronica e Guido sono veramente pigri. Gli _____ tutta la sera.

27 Non respiro.
Ich atme nicht.

Verneinung

REGEL Die Verneinung wird durch **no** oder **non** ausgedrückt.

No entspricht dem deutschen *nein*, in einigen Fällen z. B. am Satzende wird es auch mit *nicht* wiedergegeben.
Vuoi un gelato? – No, grazie.   Möchtest du ein Eis? – Nein, danke.
Vieni o no?   Kommst du oder kommst du nicht?
Perché no!   Warum nicht!

Beachten Sie folgende Ausdrücke:
Credo di no.   Ich glaube, nicht.
Spero di no.   Ich hoffe, nicht.

Non entspricht dem deutschen *nicht* und steht gewöhnlich vor dem konjugierten Verb.
Non respiro.   Ich atme nicht.
Ida non ama cucinare.   Ida kocht nicht gerne.
Kommen im Satz Reflexivpronomen oder unbetonte Objektpronomen (mi, ti, ci usw.) sowie zusammengesetzte Pronomen (me lo, te lo usw.) (→ Kap. 23, 24, 25) vor, steht non vor dem Pronomen. Das gilt nicht für betonte Objektpronomen (me, te usw.) sowie für Subjektpronomen (io, tu, lei usw.).
La domenica non ci alziamo presto.   Sonntags stehen wir nicht früh auf.
Lei non lavora qui.   Sie arbeitet nicht hier.

! Non kann man im Deutschen auch mit *kein/-e* wiedergeben.
Non ho tempo.   Ich habe keine Zeit.
Non hai voglia di andare al cinema?   Hast du keine Lust ins Kino zu gehen?

64

Verneinung 27

1. Bringen Sie die Wörter in die richtige Reihenfolge.

a non in ufficio andare posso oggi   *Oggi* _____

b gli non lavare piace i piatti _____

c Enrico pazienza ha non _____

d non loro di qui sono _____

e te li i miei CD presto non _____

f di venire alla non voglia festa hanno _____

2. Setzen Sie no oder non ein.
a Allora che fai, cambi lavoro? – Credo di _____ .
b La nostra insegnante _____ ha pazienza.
c Ti va di andare a teatro domenica prossima? – Perché _____ !
d Stasera _____ voglio cucinare. Andiamo a mangiare una pizza.
e Domani piove. – Speriamo di _____ !
f Le posso offrire un caffè? – _____ , grazie. _____ ho tempo.
g Beh, questo quadro vi piace o _____ ?

3. Übersetzen Sie.
a Wir haben keinen Hunger.
b Ich hoffe, nicht.
c Warum kommst du nicht zu mir?
d Gefällt Ihnen der Film nicht?
e Ich weiß es nicht.
f Umberto schreibt sich nicht an der Universität ein.

4. Verneinen Sie die Sätze.
a Rossana parla l'inglese.
b I miei genitori mi capiscono.
c Lei è italiano?
d Penso di sì.
e Oggi ho voglia di fare sport.
f Suo fratello lo aiuta con i compiti.
g Sì, grazie. Ho sete.
h Domani mi posso riposare.

28 Non si sente assolutamente niente.
Man spürt absolut nichts.

Mehrfache Verneinung

 Enthält ein Satz einen Negationsausdruck, z. B. niente *(nichts)*, so wird im Italienischen zusätzlich non verwendet.

Hier eine Liste der häufigsten Negationsausdrücke:

non . . . niente / nulla	nichts	Non si sente niente.	Man spürt nichts.
non . . . mai	nie	Non vado mai al cinema.	Ich gehe nie ins Kino.
non . . . nessuno	niemand	Non conosco nessuno.	Ich kenne niemanden.
non . . . più	nicht / kein . . . mehr	Non partiamo più.	Wir reisen nicht mehr ab.
non . . . né . . . né	weder . . . noch	Non so né cantare né suonare.	Ich kann weder singen noch spielen.
non . . . neanche / nemmeno	auch nicht / nicht einmal	Non ci piace neanche / nemmeno la carne.	Wir mögen auch kein Fleisch.

! Non entfällt, wenn die Negationsausdrücke mai, niente, nessuno allein oder am Satzanfang stehen.
Quanto hai pagato il libro? – Niente, era in omaggio. *Was hast du für das Buch gezahlt? – Nichts, es war ein Werbegeschenk.*
Fumi? – Mai. *Rauchst du? – Nie.*
Nessuno mi capisce! *Niemand versteht mich!*

Mehrfache Verneinung 28

1. Bringen Sie die Wörter in die richtige Reihenfolge.

a ~~prendo~~   ~~non~~   ~~grazie~~   ~~niente~~

_____ , grazie.

b ~~Gina~~   né   né   sono   belle   simpatiche   e   non   Marcella

Gina _____

c domani   non   ~~da~~   più   lavoriamo

Da _____

d mai   fanno   sport   non

_____

e crede   mi   nessuno

_____

2. Vervollständigen Sie mit niente, mai, nessuno, più, né . . . né und nemmeno.

a Oggi non c'è _____ a scuola.

b Mi dispiace, non ti posso dire _____ .

c Valerio, abiti vicino a casa mia, ma non ci vediamo _____ !

d Non mangiate _____ carne _____ pesce?

e Basta! Non ti voglio _____ vedere.

f Studi l'inglese da due anni e non dici _____ una parola?

3. Übersetzen Sie.

a Ich treffe mich mit niemandem. _____

b Er frühstückt nie. _____

c Wir haben keinen Hunger mehr. _____

d Hier sieht man nichts. _____

e Sie wollen weder studieren noch arbeiten. _____

f Warum macht ihr nie Urlaub? _____

4. Verneinen Sie die Sätze. Achten Sie darauf, dass nicht nur das Verb, sondern auch die Aussage des Satzes verneint wird.

Ho tempo e quindi vado anche a messa.   _Non ho tempo e quindi non vado neanche a messa._

a Carla si alza sempre presto. _____

b Mi piace ballare e cantare. _____

c Mia figlia parla con tutti. _____

d Domani possiamo andare a teatro
   e a cena fuori. _____

e Hai ancora voglia di giocare a carte? _____

f Navigate sempre su Internet? _____

TEST 2
Kapitel 13–28

Wählen Sie die richtige Form.

Adjektive und Adverbien

1. Marco compra solo macchine . . . .
   a) ▢ italiani
   b) ▢ italiane

2. Il ragazzo di Flora è . . . .
   a) ▢ svedese
   b) ▢ svedesi

3. Che . . . cappello!
   a) ▢ bello
   b) ▢ bel

4. Carlo è un . . . amico.
   a) ▢ buon
   b) ▢ buono

5. Perché bevi così . . . ?
   a) ▢ velocemente
   b) ▢ specialmente

6. Gino è un ragazzo . . . .
   a) ▢ particolarmente
   b) ▢ particolare

7. Oggi mi sento proprio . . . !
   a) ▢ buono
   b) ▢ bene

Präpositionen

8. L'anno prossimo vogliamo andare . . . Turchia.
   a) ▢ in
   b) ▢ a

9. Stasera restate . . . casa?
   a) ▢ a
   b) ▢ alla

10. Raffaele è . . . Perugia.
    a) ▢ di
    b) ▢ da

11. Vado . . . fruttivendolo.
    a) ▢ al
    b) ▢ dal

12. Verona si trova . . . Milano e Venezia.
    a) ▢ con
    b) ▢ tra

13. Faccio jogging . . . dimagrire.
    a) ▢ su
    b) ▢ per

Zahlen

14.   376
    a) ▢ trecentosettantasei
    b) ▢ trecentosessantasette

15. Laura e Sandro abitano al . . . piano.
    a) ▢ quinto
    b) ▢ quinta

Uhrzeit und Datum

16.   18.45
    a) ▢ Sono le sei e un quarto.
    b) ▢ Sono le sette meno un quarto.

17. Oggi è . . . ottobre.
    a) ▢ uno
    b) ▢ il primo

Teilungsartikel

18. Vorrei un chilo . . . pere.
    a) ▢ di
    b) ▢ delle

19. Dobbiamo comprare . . . zucchero.
    a) ▢ —
    b) ▢ dello

68

Pronomen

20. Compri il giornale?
    a) ▢ Sì, lo compro.
    b) ▢ Sì, li compro.

21. Gianfranco non . . . ama!
    a) ▢ mi
    b) ▢ me

22. Mi presti 50 euro?
    a) ▢ No, non ti presto più niente!
    b) ▢ No, non vi presto più niente!

23. . . . do il mio indirizzo e-mail, se vuole.
    a) ▢ Le
    b) ▢ Lei

24. Quando ti portano i mobili nuovi?
    a) ▢ Glieli portano domani.
    b) ▢ Me li portano domani.

25. Allora, Luigi regala un cane ai bambini?
    a) ▢ No, non vuole regalarglieli.
    b) ▢ No, non vuole regalarglielo.

Das Verb piacere

26. Vi . . . i quadri di Modigliani?
    a) ▢ piace
    b) ▢ piacciono

27. Non mi . . . pescare.
    a) ▢ piace
    b) ▢ piacciono

Verneinung

28. Fumi? – . . . !
    a) ▢ No
    b) ▢ Non

29. Mi dispiace, . . . ho tempo.
    a) ▢ no
    b) ▢ non

30. Perché . . . parli mai?
    a) ▢ —
    b) ▢ non

Vergleichen Sie nun Ihre Lösungen mit dem Schlüssel auf S. 153. Wenn Sie Aufgaben nicht richtig gelöst haben, wiederholen Sie noch einmal das betreffende Kapitel. Diese Tabelle zeigt Ihnen, auf welches Kapitel sich die einzelnen Aufgaben beziehen.

Aufgabe	Kapitel	Aufgabe	Kapitel	Aufgabe	Kapitel	Aufgabe	Kapitel	Aufgabe	Kapitel
1	13	7	16	13	19	19	22	25	25
2	13	8	17	14	20	20	23	26	26
3	14	9	17	15	20	21	23	27	26
4	14	10	18	16	21	22	24	28	27
5	15	11	18	17	21	23	24	29	27
6	16	12	19	18	22	24	25	30	28

29 Non ci credo proprio!
Ich glaube überhaupt nicht daran!

Gebrauch von ci

 Das Pronominaladverb ci wird gebraucht, um adverbiale Konstruktionen oder Ergänzungen, die von Präpositionen eingeleitet sind, nicht zu wiederholen.

Man kann ci verwenden,
- um eine bereits erwähnte Orts- oder Richtungsangabe zu ersetzen. Ci bedeutet in diesem Fall *dort / dorthin* und steht normalerweise vor dem konjugierten Verb.
  Andate spesso in Inghilterra? – Ci andiamo ogni anno.   *Fahrt ihr oft nach England? – Wir fahren jedes Jahr dorthin.*
  Vieni da Marco stasera? – No, non ci vengo.   *Kommst du zu Marco heute Abend? – Nein, ich komme nicht.*
- um Ergänzungen zu ersetzen, die von den Präpositionen a, in, su und con eingeleitet werden. Ci bedeutet je nachdem *daran, darauf, damit* usw. und steht gewöhnlich vor dem konjugierten Verb.
  Non credi alle superstizioni? – No, non ci credo.   *Bist du nicht abergläubisch?* (wörtlich: *Glaubst du nicht an den Aberglauben?*) – *Nein, ich glaube nicht daran.*
  Come va con Serena? – Male. Ci litigo continuamente.   *Wie läuft es mit Serena? – Schlecht. Ich streite ständig mit ihr.*

! Wenn Orts- und Richtungsangaben bzw. Ergänzungen betont werden, stehen sie am Satzanfang und ci folgt.
In Inghilterra ci andiamo ogni anno.   *Nach England fahren wir jedes Jahr.*
Con mia madre non ci esco mai.   *Mit meiner Mutter gehe ich nie aus.*

➡ In der Umgangssprache verwendet man zur Intensivierung des Verbes avere oft auch ci. In Verbindung mit den direkten Pronomen wird dann ci zu ce.
Ha una sigaretta? – Sì, ce l'ho.   *Haben Sie eine Zigarette? – Ja, habe ich.*
Hai ancora la moto? – No, non ce l'ho più.   *Hast du das Motorrad noch? – Nein, ich habe es nicht mehr.*

Gebrauch von *ci* 29

1. Beantworten Sie die Fragen. Folgen Sie dem Beispiel.

Allora, vai dai nonni?   *Sì, ci vado. / No, non ci vado.*

a Pensi tu al regalo per Rosa?   Sì, _____ io!

b Allora, vai dal dentista?   Sì, _____ domani pomeriggio.

c Lavora ancora in banca?   No, _____ più.

d Domenica venite allo stadio con noi?   No, _____ . Dobbiamo studiare!

e Scusi, ha un fazzoletto di carta?   No, _____ , mi dispiace.

f Credi nell'amore vero?   No, _____ .

2. Wandeln Sie die Sätze um. Folgen Sie dem Beispiel.

Vado a Zurigo.   *Ci vado.*

a Penso spesso al passato.   _____

b Bianca litiga sempre con Isabella.   _____

c Domani torno a casa.   _____

d Potete contare sul nostro appoggio.   _____

e Qualche volta pensate alla morte?   _____

f I genitori di Livio non credono in Dio.   _____

g Quando vai in palestra?   _____

3. Vervollständigen Sie die Sätze mit ci und mit dem passenden Verb.

(~~scommettere~~) (rinunciare) (andare) (giocare) (andare d'accordo)
(tornare) (contare) (credere)

Sara non viene alla festa. *(io)* *Ci scommetto!*

a Mimmo è un tipo difficile. Nessuno _____ .

b Non leggo mai l'oroscopo. Non _____ .

c A ballare *(noi)* _____ sabato. D'accordo?

d Cristiano e Luca conoscono Madrid benissimo, ma _____ sempre volentieri.

e Wanda è una vera amica. Sul suo aiuto ____ posso sempre _____ .

f È un'offerta unica! Non ____ devi _____ !

g I miei figli hanno un sacco di giocattoli, ma non _____ mai!

4. In welchen Sätzen sollten Sie ci oder ce gebrauchen? In welchen nicht? Ergänzen Sie wo nötig.

a Pensi ancora alla storia con Fabio? – Oh sì, ____ penso sempre!

b Cosa facciamo sabato? – ____ andiamo in discoteca!

c Giorgio vive sempre a Palermo? – No, adesso ____ vive a Torino.

d Ti piace la mia nuova macchina fotografica? ____ faccio delle foto bellissime!

e Ha il telefonino? – Sì, ____ l'ho.

f Lorenzo e Federica vanno sempre al mare, ma quest'anno ____ vanno in montagna.

g Sì, sono fatalista. Credo nel destino. E tu ____ credi?

h Quando vai dall'avvocato? – ____ vado mercoledì.

71

30 Anche io ne voglio uno!
Ich will auch eins!

Gebrauch von ne

 Ne steht normalerweise vor dem konjugierten Verb und wird verwendet,
- um eine Teilmenge eines bereits erwähnten Begriffs auszudrücken. Die Übersetzung *davon* ist im Deutschen möglich, aber nicht notwendig.

| ▲ Ti piace il mio piercing? | ▲ Gefällt dir mein Piercing? |
| ● Sì, anche io ne voglio uno! | ● Ja, ich will auch eins! |

| ▲ Ha dei panini? | ▲ Haben Sie Brötchen? |
| ● Quanti ne vuole? | ● Wie viele möchten Sie? |

| ▲ Vuoi un liquore? | ▲ Willst du einen Likör? |
| ● Sì, grazie, ma ne prendo solo un po'. | ● Ja, bitte, aber ich nehme nur ein bisschen. |

- um Ergänzungen zu ersetzen, die von der Präposition *di* eingeleitet werden. **Ne** wird dann mit *davon, darüber, dazu* usw. übersetzt.

▲ Sai se Giulia lavora ancora in ospedale? ▲ Weißt du, ob Giulia noch im Krankenhaus arbeitet?

● No, non ne so niente. ● Nein, ich weiß nichts davon.
  (= Non so niente di questa cosa.)

Il sindaco ha un'amante. Der Bürgermeister hat eine Geliebte.
  Ne parlano tutti in città! Alle in der Stadt sprechen darüber!
  (= Di questa cosa tutti parlano in città.)

Ti piace la mia nuova pettinatura? Gefällt dir meine neue Frisur?
  Che ne dici? Was sagst du dazu?
  (= Cosa dici della mia nuova pettinatura?)

Gebrauch von *ne* 30

1. Verbinden Sie die Dialogteile.

a Quanti caffè bevete?

b Quanti anni ha il ragazzo di Ornella?

c Ti piace la cioccolata?

d Ti va di giocare a ping-pong?

e Guido e Orsola si sposano.

f Ho un problema!

g Vuole un altro po' di torta?

h Noi abbiamo due figli, e voi?

1 Sì, grazie. Ne prendo un'altra fetta.

2 No, oggi non ne ho proprio voglia.

3 Veramente! Ma ne sei sicuro?

4 Noi ne abbiamo solo uno.

5 Ne vuoi parlare?

6 Oh, sì! Ne mangio molta quando sono depressa!

7 Ne beviamo almeno dieci al giorno!

8 Ne ha 42!

2. Wandeln Sie die Sätze um, indem Sie *ne* verwenden.

Bevo mezzo litro di latte al giorno.   *Ne bevo mezzo litro al giorno.*

a Sì, sono contento del mio nuovo lavoro.   _____

b Vuole un altro bicchiere di vino?   _____

c Vorrei un chilo di pere.   _____

d Sei convinto della tua decisione?   _____

e Mio padre conosce alcuni miei amici.   _____

f Nessuno parla di questa storia!   _____

3. Vervollständigen Sie die Sätze mit *ne* und mit dem passenden Verb.

mangiare	avere	trovare	comprare	avere	dire	~~essere~~	volere

Mio figlio ha un nuovo lavoro e _ne è_ molto fiero.

a Quando vado al supermercato cerco sempre lo sherry, ma non _____ mai nemmeno una bottiglia!

b Signori, ho dell'ottimo prosciutto di Parma, _____ ?

c Mi puoi restituire la borsa? *(io)* _____ bisogno.

d La frutta non mi piace molto, _____ poca.

e Marta, se il fruttivendolo ha gli avocado, _____ un paio?

f Dobbiamo telefonare a Rita, ti ricordi? – Uffa, non _____ voglia!

g Ragazzi, domenica vogliamo andare a sciare? Che _____ ?

4. In welchen Sätzen sollten Sie *ne* gebrauchen? In welchen nicht? Ergänzen Sie wo nötig.

a Hai il cellulare? – Sì, _____ ho due!

b Ma quante sigarette fuma tuo padre? – _____ fuma due pacchetti al giorno!

c Basta con il calcio! _____ parlate da ore!

d Che belle fragole! _____ le compriamo?

e Hai notizie di Letizia? – Purtroppo non _____ so niente.

f Mio zio fa un vino eccellente. Io _____ lo bevo sempre volentieri.

g Ho bisogno di aiuto! – Scusa, ora non ho tempo. _____ possiamo parlare più tardi?

73

31 Chi è questa?
Wer ist die hier?

Questo (Adjektiv und Pronomen)

> Questo (*dieser/-e/-es, das*) ist ein Demonstrativadjektiv und -pronomen. Es kann entweder Substantive begleiten (als Adjektiv) oder sie ersetzen (als Pronomen).
> Questo bezieht sich auf Sachen oder Personen, die sich sowohl zeitlich als auch räumlich in unmittelbarer Nähe des Sprechers befinden (im Unterschied zur größeren Entfernung bei quello → Kap. 32). In der Zahl und im Geschlecht richtet sich questo nach seinem Bezugswort. Eine mögliche deutsche Übersetzung für questo ist *das hier*, im Gegensatz zu quello, *das dort*.

E chi è questa?
Sono io, imbecille*!

* *Dummkopf*

➡ **Formen**

	Singular	Plural
männlich	quest**o**	quest**i**
weiblich	quest**a**	quest**e**

Questo als Demonstrativadjektiv steht vor einem Substantiv.

Questo libro è molto interessante.   *Dieses Buch ist sehr interessant.*
Chi è questa donna?   *Wer ist diese Frau?*
Ti piacciono questi pantaloni a righe?   *Gefällt dir diese gestreifte Hose?*
Queste scarpe sono troppo care!   *Diese Schuhe sind zu teuer!*

! Vor Substantiven, die mit einem Vokal beginnen, können questo und questa auch mit Apostroph geschrieben werden: quest'orologio (*diese Uhr*), quest'isola (*diese Insel*). Die Pluralformen questi, queste werden hingegen nie apostrophiert: questi orologi (*diese Uhren*), queste isole (*diese Inseln*).

Questo als Demonstrativpronomen ersetzt ein Substantiv.

Questo |libro| è molto interessante.   ➡ |Questo| è molto interessante.
Dieses Buch ist sehr interessant.   *Das hier ist sehr interessant.*

Chi è questa |donna|?   ➡   Chi è |questa|?
Wer ist diese Frau?   *Wer ist die hier?*

Ti piacciono questi |pantaloni| a righe?   ➡   Ti piacciono |questi| a righe?
Gefällt dir diese gestreifte Hose?   *Gefällt dir die Gestreifte?*

Queste |scarpe| sono troppo care!   ➡ |Queste| sono troppo care!
Diese Schuhe sind zu teuer!   *Diese sind zu teuer!*

Questo (Adjektiv und Pronomen) 31

1. Ordnen Sie die Wörter dem passenden Feld zu.

queste
aereo
maglione
sigarette
treno
festa
questi

bicchieri
lingua
questa
cani
industrie
amica
questo

2. Vervollständigen Sie folgendes Schema.

Singular	Plural
questo signore	_____ signori
_____ signora	queste signore
_____ albero	questi alberi
questa notizia	_____ notizie
_____ idea	queste idee
questo cameriere	_____ camerieri

3. Bringen Sie die Wörter in die richtige Reihenfolge.

a per   regalo   te   questo   è

_____ .

b molto   questa   è   pesante   borsa

_____ !

c questa   bella   è   sorpresa   una

_____ !

d di pelle   questi   costano   quanto

_____ ?

e ti   a quadri   piacciono   queste

_____ ?

4. Ergänzen Sie die Sätze mit den Formen von questo **und kreuzen Sie an, ob es sich um ein Adjektiv (A) oder ein Pronomen (P) handelt.**

                                                                       A P

a _____ spaghetti ai frutti di mare sono eccezionali! Come li fai?

b Perché porti ancora _____ vestito così vecchio?

c Vuole provare il cappotto nero? – No, vorrei provare _____ marrone.

d _____ estate andiamo in vacanza a Cuba.

e _____ albicocche sono proprio buone!

f Che belli gli occhiali di Dolce e Gabbana! – A me piacciono _____ di Krizia.

g Quale matita vuoi? – _____ blu.

h _____ scarpe sono belle e comode.

75

32 Quella è mia sorella!
Die da ist meine Schwester!

Quello (Adjektiv und Pronomen)

* Ich kann sie nicht ausstehen!

REGEL Quello *(jener/-e/-es; der / die / das dort)* ist wie questo im vorherigen Kapitel sowohl Demonstrativadjektiv als auch -pronomen. Im Gegensatz zu questo bezieht sich quello auf Sachen oder Personen, die weiter entfernt vom Sprecher sind. Quello richtet sich in Zahl und Geschlecht nach seinem Bezugswort.

➡ Quello als Demonstrativadjektiv steht vor einem Substantiv. Seine Formen (quel, quell', quello, quella, quei, quegli, quelle) sind vom bestimmten Artikel abzuleiten.

	Singular		**Plural**	
männl.	il ragazzo ➡	quel ragazzo *der Junge da*	i ragazzi ➡	quei ragazzi *die Jungen da*
	l'albero ➡	quell'albero *der Baum da*	gli alberi ➡	quegli alberi *die Bäume da*
	lo studente ➡	quello studente *der Student da*	gli studenti ➡	quegli studenti *die Studenten da*
weibl.	la ragazza ➡	quella ragazza *das Mädchen da*	le ragazze ➡	quelle ragazze *die Mädchen da*
	l'isola ➡	quell'isola *die Insel da*	le isole ➡	quelle isole *die Inseln da*

➡ Quello als Demonstrativpronomen ersetzt ein Substantiv und hat folgende Formen:

	Sing.	**Plural**
männl.	quell**o**	quell**i**
weibl.	quell**a**	quell**e**

Ti piace quel ragazzo ? ➡ Quello è mio fratello.
Gefällt dir der Junge da? *Der da ist mein Bruder.*

La conosci quella ragazza ? ➡ Quella è mia sorella.
Kennst du die junge Frau da? *Die da ist meine Schwester.*

Chi sono quei bambini ? ➡ Quelli sono i figli di Marta.
Wer sind die Kinder da? *Die da sind die Söhne von Marta.*

Chi sono quelle bambine ? ➡ Quelle sono le figlie di Gina.
Wer sind die Kinder da? *Die da sind die Töchter von Gina.*

! Sie haben bestimmt bemerkt: Die Formen von quello unterscheiden sich je nachdem, ob quello Adjektiv oder Pronomen ist.

Quello (Adjektiv und Pronomen) 32

1. Ordnen Sie die Wörter dem passenden Feld zu.

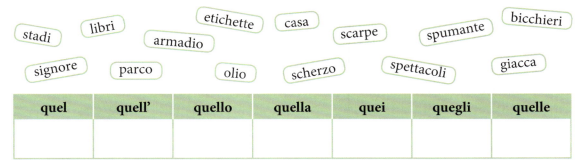

quel	quell'	quello	quella	quei	quegli	quelle

2. Vervollständigen Sie folgendes Schema.

Singular	Plural
quella sorpresa	_____ sorprese
_____ emozione	quelle emozioni
quello zaino	_____ zaini
quel gatto	_____ gatti
_____ nome	quei nomi
_____ sport	quegli sport

3. Ergänzen Sie die Sätze mit quel, quell', quello, quella, quei, quegli oder quelle.
a Ti piace _____ bicicletta in esposizione? È una mountain bike.
b Vorrei provare _____ vestito che è in vetrina.
c _____ ragazzi li conosco. Non sono gli amici di Giacomo?
d Che ne dici di _____ zaino tutto colorato?
e Leggete ancora _____ storie di fantascienza?
f _____ orologio è molto bello, però è caro!
g Quanto costano _____ stivali?
h _____ orchidea è fantastica! La compro.

4. Adjektiv oder Pronomen? Ergänzen Sie die Sätze mit den passenden Formen von quello.
a Prendo la gonna verde e anche _____ a quadri.
b Vuoi il gelato al caffè o _____ al limone?
c _____ amica di Enrico è insopportabile! – Chi? Lucia?
d Quant'è brutto _____ tipo . . . – _____ è mio cugino!
e Che carini _____ gatti! Mamma, me ne compri uno?
f Preferite i tortellini al prosciutto o _____ al formaggio?
g Vorrei provare _____ scarpe che sono in vetrina. – _____ nere?
h Posso vedere _____ orecchini con le perle?

77

33 Forse i bambini hanno tolto un pezzo ...
Vielleicht haben die Kinder etwas abmontiert ...

Passato prossimo: Formen

Forse i bambini hanno tolto un pezzo ...

 Das passato prossimo ist eine Zeitform der Vergangenheit, die mit dem deutschen Perfekt vergleichbar ist.
Das passato prossimo wird aus dem Präsens der Hilfsverben avere bzw. essere und dem Partizip Perfekt des Hauptverbs gebildet.

Beim passato prossimo mit avere bleibt das Partizip Perfekt unverändert.

Beim passato prossimo mit essere hingegen wird das Partizip Perfekt in Geschlecht und Zahl dem Subjekt angeglichen.

Präsens von avere		Partizip Perfekt	Präsens von essere		Partizip Perfekt
(io)	ho		(io)	sono	
(tu)	hai		(tu)	sei	partito/-a
(lui, lei, Lei)	ha	parlato	(lui, lei, Lei)	è	
(noi)	abbiamo		(noi)	siamo	
(voi)	avete		(voi)	siete	partiti/-e
(loro)	hanno		(loro)	sono	

Forse i bambini hanno tolto un pezzo.
  Vielleicht haben die Kinder etwas abmontiert.
Lia e Paolo hanno comprato un'auto.
  Lia und Paolo haben ein Auto gekauft.

Rosa è andata a Londra l'anno scorso.
  Rosa ist letztes Jahr nach London gefahren.
Laura e Carlo sono usciti insieme.
  Laura und Carlo sind zusammen ausgegangen.

! Im Gegensatz zum Deutschen stehen im Italienischen das Hilfsverb und das Partizip Perfekt üblicherweise zusammen. Will man etwas verneinen, so stellt man non vor das Hilfsverb.
Pietro non è andato al lavoro oggi.   *Pietro ist heute nicht in die Arbeit gegangen.*

Das Partizip Perfekt wird gebildet, indem an den Infinitivstamm der Verben auf -are, -ere und -ire die Endungen -ato, -uto, -ito angehängt werden.

guard**are**	➡	guard**ato**	*gesehen*
cred**ere**	➡	cred**uto**	*geglaubt*
sent**ire**	➡	sent**ito**	*gehört*

Viele Verben, meistens auf -ere, bilden das Partizip Perfekt unregelmäßig (→ Anhang):
z. B. chiudere ➡ chiuso *(geschlossen)*, togliere ➡ tolto *(abgenommen)* etc.

Passato prossimo: Formen 33

1. Ordnen Sie die Partizipien dem passenden Behälter zu.

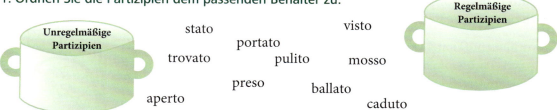

2. Vervollständigen Sie folgendes Schema, vergleichen Sie bei Bedarf auch die Liste im Anhang.

Infinitiv	Partizip
cominciare	_____
_____	finito
_____	rimasto
leggere	_____
capire	_____
_____	vinto
perdere	_____
_____	andato

3. Setzen Sie die passende Endung des Partizips ein.
a Per la festa ho preparat__ un sacco di cose buone!
b Rocco e Cristina sono stat__ una settimana a Ibiza.
c Ieri Isabella è andat__ all'opera a vedere la Tosca.
d Abbiamo fatt__ uno scherzo a Romeo e lui si è arrabbiat__ molto.
e Mia figlia e le sue amiche sono appena tornat__ dalla Grecia.
f Per la visita dei miei suoceri ho pulit__ tutta la casa!
g I figli di Vittorio e Tiziana sono nat__ negli Stati Uniti.
h Mimma, perché hai cambiat__ casa?

4. Setzen Sie die Verben ins passato prossimo, bei Bedarf schlagen Sie die Liste der unregelmäßigen Verben im Anhang nach.
   Nina *(avere / rispondere)* _ha risposto_ a tutte le domande.
a Donato, *(avere / superare)* _____ l'esame?
b Le mie amiche non *(essere / venire)* _____ a trovarmi né in clinica né a casa!
c Lo sai che Lina *(essere / uscire)* _____ con Renato?
d Giovedì scorso, al cinema, *(io / avere / ridere)* _____ tutto il tempo.
e Allora, ragazzi, come mai *(essere / tornare)* _____ così tardi ieri sera?
f Bruno ed Elvira *(avere / divorziare)* _____. – Davvero?
g Ludovico *(essere / andare)* _____ a trovare Lucia e lei non gli
   (avere / offrire) _____ nemmeno un caffè!

34 Sono tornata!
Ich bin zurück!

Passato prossimo: avere oder essere?

Im vorherigen Kapitel wurde die Bildung des passato prossimo behandelt. Nun folgen Angaben zum Gebrauch der Hilfsverben avere und essere.

Abgesehen von wenigen Ausnahmen werden die Hilfsverben avere und essere bei der Bildung des Perfekts im Italienischen genauso gebraucht wie im Deutschen.

Gebrauch von avere
Avere wird mit Verben verwendet, die ein direktes Objekt (Frage: wen oder was?) haben,
z. B. guardare *(sehen)*, incontrare *(treffen)* etc.
Hai provato la nuova ricetta?   *Hast du das neue Rezept ausprobiert?*
Non ho mai mangiato il sushi.   *Ich habe nie Sushi gegessen.*

Gebrauch von essere
In den anderen Fällen wird essere verwendet:
- Bei Verben, die eine Bewegung ausdrücken: z. B. andare *(gehen)*, venire *(kommen)* etc.

! Achtung! Ausnahmen sind u. a. camminare *(laufen)*, nuotare *(schwimmen)*, sciare *(Ski laufen)*, deren passato prossimo mit avere gebildet wird.
Sono andata al mare.   *Ich bin ans Meer gefahren.*
aber: Ieri ho sciato due ore!   *Gestern bin ich zwei Stunden Ski gefahren.*

- Bei Verben, die einen Zustand oder die Veränderung eines Zustands ausdrücken:
z. B. essere *(sein)*, stare *(liegen)*, rimanere *(bleiben)*, diventare *(werden)* etc.
Perché sei rimasto a casa?   *Warum bist du zu Hause geblieben?*
- Bei reflexiven Verben (im Unterschied zum Deutschen):
Perché vi siete arrabbiati?   *Warum habt ihr euch geärgert?*
- Bei unpersönlichen Verben: z. B. è accaduto / è successo *(es ist passiert)*, è sembrato *(es ist erschienen)*; und beim Verb piacere *(gefallen)*.
La festa mi è piaciuta molto.   *Die Party hat mir sehr gut gefallen.*

Die Modalverben (potere, dovere, volere) bilden das passato prossimo mit beiden Hilfsverben je nachdem, ob das darauf folgende Verb (im Infinitiv) das passato prossimo mit avere oder essere bildet. Im Deutschen dagegen wird immer *haben* gebraucht.
Non ho potuto chiamare il meccanico.   *Ich habe den Mechaniker nicht anrufen können.*
Luisa è dovuta uscire.   *Luisa hat ausgehen müssen.*

Passato prossimo: *avere* oder *essere*? 34

1. Ordnen Sie die Partizipien dem passenden Feld zu.

Ho capito, . . .

Sono uscito, . . .

~~capito~~ incontrato
guardato
caduto
venduto

~~partito~~
~~usato~~ venuto
sentito
nato

2. Vervollständigen Sie die Sätze mit avere **oder** essere **in der Präsensform und mit der passenden Endung des Partizips.**

Che cosa _hai fatto_ ieri sera, Piero?

a Sabato scorso (*noi*) _____ andat__ in pizzeria.
b Lisa, perché non mi _____ più scritt__ ?
c Sul Corriere della Sera (*io*) _____ lett__ un articolo molto interessante.
d Ragazzi, dove _____ stat__ domenica?
e Mi _____ accadut__ una cosa incredibile! – Ah, sì . . . E cosa?
f Le tue favole mi _____ piaciut__ molto.
g Al casinò Dino e Giorgio _____ pers__ duemila euro!

3. Wandeln Sie die Sätze ins passato prossimo um.

Rosa prepara un dolce.   _Rosa ha preparato un dolce._

a Quest'anno Nadia si iscrive all'università.   L'anno scorso _____
b I miei amici e io ci divertiamo molto.   Ieri _____
c Ti piace il film?   _____
d Non lavoro molto.   Oggi _____
e La sera rimaniamo a casa.   Ieri sera _____
f Devono comprare un regalo per un amico.   _____
g Domani non posso uscire.   Ieri _____
h Questo semestre Ian frequenta un corso   Lo scorso semestre _____
   d'italiano.   _____

4. Ergänzen Sie die Sätze mit dem passenden Verb im passato prossimo.

bere	camminare	organizzare	trasferirsi	~~abitare~~	perdere	succedere

Sonia e Mirco _hanno abitato_ per tre anni a Ginevra.

a (*io*) Non _____ mai _____ la piña colada. Com'è?
b Caterina, che brutta faccia! Che ti _____ ?
c Per i diciotto anni Miriam _____ una festa unica!
d Eliana, non abiti più a Torino? – No, _____ a Bergamo l'anno scorso.
e Che bella passeggiata! (*noi*) _____ tre ore!
f Scusa per il ritardo. (*io*) _____ il treno.

35 Le ho trovate!
Ich habe sie gefunden!

Passato prossimo
mit den Pronomen
lo, la, li, le, ne

REGEL › Wird das passato prossimo mit avere gebildet, endet das Partizip immer auf -o (→ Kap. 33).
Stehen aber vor dem Verb im passato prossimo die direkten Pronomen lo, la, li, le, dann muss die Endung des Partizips in Geschlecht und Zahl den Pronomen angeglichen werden. Das gilt sowohl für die Pronomen lo, la, li, le (→ Kap. 23) als auch für die zusammengesetzten Pronomen me lo, me la, te li, gliele etc. (→ Kap. 25).

Abbiamo comprato **lo spumante**. ➡ **L'**abbiamo comprat**o**.   Wir haben ihn gekauft. (den Sekt)
Ho mangiato **la pizza**. ➡ **L'**ho mangiat**a**.   Ich habe sie gegessen. (die Pizza)
Avete chiamato **gli amici**? ➡ **Li** avete chiamat**i**?   Habt ihr sie angerufen? (die Freunde)
Ho trovato **le chiavi**. ➡ **Le** ho trovat**e**.   Ich habe sie gefunden. (die Schlüssel)
Mi ha prestato **la macchina**. ➡ **Me l'**ha prestat**a**.   Er hat es mir ausgeliehen. (das Auto)
Ci ha raccontato molte **barzellette**. ➡ **Ce le** ha raccontat**e**.   Er hat sie uns erzählt. (die Witze)

! Vor Vokalen werden sowohl lo als auch la mit Apostroph geschrieben, das gilt nicht für li und le.

▷ Das Prinzip der Partizip-Angleichung gilt auch für das Pronominaladverb ne (*davon*, → Kap. 30), dabei wird das Partizip an das Wort angepasst, auf das sich ne bezieht. Die Angleichung ist üblich aber nicht zwingend.

Ho mangiato solo un biscotto. ➡ **Ne** ho mangiat**o** solo **uno**.
    Ich habe nur einen (Keks) gegessen.
Ho mangiato una fetta di torta. ➡ **Ne** ho mangiat**a** una **fetta**.
    Ich habe ein Stück (Kuchen) gegessen.
Ho comprato alcuni vestiti. ➡ **Ne** ho comprat**i** **alcuni**.
    Ich habe einige (Kleider) gekauft.
Ho bevuto due bottiglie di vino. ➡ **Ne** ho bevut**e** **due bottiglie**.
    Ich habe zwei Flaschen (Wein) getrunken.

Passato prossimo mit den Pronomen *lo, la, li, le, ne*   35

1. Verbinden Sie die linke mit der rechten Spalte.

a I vicini vengono alla festa?

b Mamma, dove sono i giocattoli?

c Che belle queste rose!

d Avete comprato il vino?

e Hai del burro?

f Hai scritto la lettera?

g Ti piace questo quadro?

h Vuole un caffè?

1 Certo. L'ho anche spedita.

2 No, non li ho invitati!

3 Oh, non le ho ancora messe nel vaso.

4 Mi dispiace, l'ho finito.

5 Sì, ne abbiamo prese tre bottiglie.

6 No, grazie. Ne ho già presi due.

7 Li ho messi in camera vostra.

8 Bello! Quando l'hai dipinto?

2. Ergänzen Sie die Sätze mit der passenden Endung des Partizips.

a Che bella collana! Te l'ha regalat___ Giorgio?

b I biglietti li avete prenotat___ , vero?

c Vuoi una sigaretta? – No, ne ho già fumat___ troppe oggi!

d Hai chiamato l'idraulico? – Sì, l'ho chiamat___ stamattina.

e Mirella e Tina? – Non le ho vist___ .

f Che belle scarpe! Dove le hai comprat___ ?

g La macchina l'ha pres___ Paolo.

h Questi libri me li ha prestat___ la professoressa.

3. Wandeln Sie die Sätze um, indem Sie lo, la, li, le oder ne verwenden.

Ho portato le gonne in lavanderia.   *Le ho portate in lavanderia.*

a Ho pagato il conto con la carta di credito.

b Dove avete parcheggiato la macchina?

c Dove hai messo i documenti?

d La signora Fini ha comprato due chili di peperoni.

e Avete spento la luce?

f Ho perso le chiavi.

g Carlo ha bevuto solo un bicchiere di vino.

h Non hanno chiuso il balcone.

4. Vervollständigen Sie die Sätze mit den Verben im passato prossimo und mit lo, la, li, le, oder ne.

a Ieri Anna ha incontrato un'amica e *(accompagnare)* _____ a casa.

b Vera e Lucia *(io / conoscere)* _____ all'università.

c L'esame com'è andato? – Bene. *(io / superare)* _____ .

d Ti va un gelato? – No, grazie. *(mangiare)* _____ già _____ uno.

e Vi è piaciuta la mostra? – Veramente *(vedere)* _____ solo una parte.

f Senti, le coperte, dove *(tu / mettere)* _____ ?

g Ragazzi, i piatti *(voi / lavare)* _____ ?

h Il pranzo me *(offrire)* _____ il mio collega.

83

36 Il numero con i leoni è già cominciato?
Hat die Nummer mit den Löwen schon angefangen?

Transitiver / Intransitiver Gebrauch einiger Verben im passato prossimo

Es gibt im Italienischen Verben, die sowohl transitiv als auch intransitiv gebraucht werden.

- **Transitiver Gebrauch** bedeutet, dass dem Verb ein direktes Objekt folgt.
  Marco comincia un nuovo lavoro.
  (un nuovo lavoro ➡ direktes Objekt)
  Marco fängt eine neue Arbeit an.
  Transitiv sind auch Verben, denen eine Infinitivkonstruktion folgt.
  Comincio a lavorare domani. (a lavorare ➡ Infinitivkonstruktion)
  Ich fange morgen an, zu arbeiten.
- **Intransitiver Gebrauch** bedeutet, dass dem Verb kein direktes Objekt folgt.
  Il numero con i leoni comincia adesso. (kein direktes Objekt nach dem Verb)
  Die Nummer mit den Löwen fängt jetzt an.

Hier eine Auswahl von Verben die transitiv oder intransitiv gebraucht werden: aumentare *(steigern, zunehmen)*, cambiare *(verändern, ändern, umtauschen)*, cominciare *(anfangen, beginnen)*, diminuire *(abnehmen)*, finire *(beenden)*, salire *(steigen)*, scendere *(absteigen)*.

 Für diese Verben gilt folgende Besonderheit im passato prossimo (Perfekt).
Folgt dem Verb ein direktes Objekt oder eine Infinitivkonstruktion, wird das Hilfsverb avere verwendet. Das Partizip bleibt dabei unverändert und es endet immer auf -o (➝ Kap. 33).
Ho cambiato la giacca.   *Ich habe die Jacke umgetauscht.*
Marco ha appena cominciato a lavorare.   *Marco hat gerade angefangen, zu arbeiten.*

! Ho finito.   *Ich bin fertig.*
In diesem Satz wird finire transitiv gebraucht, obwohl ein direktes Objekt fehlt. Gemeint ist also: *Ich habe etwas beendet.*

Folgt dem Verb kein direktes Objekt, wird das Hilfsverb essere verwendet. Das Partizip wird in Geschlecht und Zahl dem Subjekt angeglichen (➝ Kap. 33).
Il numero con i leoni è già cominciato?   *Hat die Nummer mit den Löwen schon angefangen?*
Gabriella è cambiata molto.   *Gabriella hat sich sehr verändert.*

84

Transitiver / Intransitiver Gebrauch einiger Verben im passato prossimo 36

1. Verbinden Sie die Satzteile.

a Il corso di francese   abbiamo   finito di lavorare tardi.

b Ieri Carla e io   hai   cominciato due giorni fa.

c Melania,   è   finito?

d Massimo   ha   cambiato la mia vita!

e Dopo l'incidente Serena   è   cambiata completamente.

2. Wandeln Sie die Sätze um, indem Sie das passato prossimo bilden.

Oggi finisco di lavorare all'una.   *Ieri ho finito di lavorare all'una.*

a Lo spettacolo comincia in ritardo. _____

b Non scendete mai alla fermata giusta! _____

c Il direttore mi aumenta lo stipendio. _____

d Lorenzo cambia casa. _____

e Nora, sali con l'ascensore? _____

f Questa storia finisce male.   Quella _____

g Pioggia e vento diminuiscono lentamente. _____

**3. Ergänzen Sie die Sätze mit der Präsensform von avere oder essere
und mit der passenden Endung des Partizips.**

a Con l'introduzione dell'euro i prezzi _____ aumentat__ . Lo dicono tutti!

b Ieri *(noi)* _____ finit__ tardi.

c Le tasse _____ diminuit__ . – Non ci credo proprio!

d Il prezzo della carne _____ aumentat__ .

e La festa _____ finit__ all'alba.

f Marisa _____ cambiat__ parrucchiere. – Si vede!

g Siete stati a Parigi e non _____ salit__ sulla Torre Eiffel?

h Ma perché *(tu)* _____ sces__ le scale di corsa?

4. Vervollständigen Sie die Sätze im passato prossimo mit den angegebenen Verben.

diminuire   finire (2x)   aumentare   scendere   cambiare   cominciare (2x)

a Maurizio, vieni a giocare a pallone? – Non posso. Non _____ ancora _____ di fare
i compiti.

b Quando gli ho parlato dell'aumento, *(lui)* _____ argomento.

c Oggi mi sono svegliata tardi perché ieri sera il film _____ a mezzanotte.

d Quando *(voi)* _____ l'università?

e Adesso mi sento meglio perché il caldo _____ .

f Che bello! Le vacanze _____ finalmente!

g La benzina _____ di nuovo? Ma è pazzesco!

h Sai che è successo a Gemma? Appena _____ dal treno, le hanno rubato la valigia!

85

37 Lui è più giovane di lei!
Er ist jünger als sie!

Komparativ der Adjektive

* Sind sie ein Paar?

In diesem Kapitel geht es um Vergleiche.

più / meno + Adjektiv + di / che

Beim Vergleich von ungleichen Dingen oder Personen, werden die Adverbien **più** *(mehr)* oder **meno** *(weniger)* verwendet. Sie stehen vor dem Adjektiv.
Oggi il tempo è più / meno bello!   *Heute ist das Wetter schöner / weniger schön!*
Der Komparativ von **buono** und **cattivo** ist **più buono / migliore** bzw. **più cattivo / peggiore**.
Die Vergleichswörter **di** und **che** stehen vor dem zweiten Vergleichselement und entsprechen dem deutschen *als*. Die Wahl zwischen **di** oder **che** ist vom nachfolgenden Wort abhängig.

Man verwendet **di** (+ Artikel)
- vor Substantiven und Eigennamen sowie vor Pronomen;
  Trovo la pesca più noiosa **della caccia**.   *Fischen finde ich langweiliger als die Jagd.*
  Bea e Rita sono meno versatili di **Valeria**.   *Bea und Rita sind weniger vielseitig als Valeria.*
  Questa casa è più moderna di **quella**.   *Dieses Haus hier ist moderner als das da.*
  Lui è più giovane di **me**.   *Er ist jünger als ich.*
  Bei Personalpronomen werden ausschließlich die betonten Formen verwendet (→ Kap. 23).

Man verwendet **che**
- beim Vergleich von zwei Adjektiven oder Adverbien;
  Giampiero è più **intelligente** che **furbo**.   *Giampiero ist eher intelligent als schlau.*
  È più indicato uscire **oggi** che **domani**.   *Es ist besser heute auszugehen als morgen.*
- vor Präpositionen und vor Verben im Infinitiv.
  Costa meno in treno che **con** l'auto.   *Es ist billiger mit dem Zug als mit dem Auto.*
  Preferisci più stare a casa che **uscire**!   *Du bleibst lieber zu Hause als auszugehen!*

! Adverbien bilden den Komparativ genauso wie Adjektive:
Lia si veste più / meno elegantemente *(Lia zieht sich eleganter / weniger elegant an).*
Der Komparativ von **bene** und **male** heißt **meglio** bzw. **peggio**.

Adjektiv + come / quanto

Beim Vergleich von ähnlichen bzw. gleichen Sachen oder Personen werden **come** oder **quanto** verwendet. Sie stehen nach dem Adjektiv und entsprechen dem deutschen *so . . . wie*.
Simona è simpatica come / quanto Pina.   *Simona ist so sympathisch wie Pina.*

Komparativ der Adjektive 37

1. Setzen Sie di (mit oder ohne Artikel) oder che ein.

a Corrado fa ginnastica perché, secondo lui, è meno stancante ____ fare jogging.

b Angela vive a Londra. La vita lì è più cara ____ in Italia.

c Questo vocabolario è più attuale ____ quell'altro.

d Ma è vero che le donne sono meno sincere ____ uomini?

e Come sempre Daniele agisce più istintivamente ____ razionalmente!

f Elisa e Laura sono simpatiche, ma Laura è sicuramente più affettuosa ____ Elisa.

g Il mio ragazzo è più geloso ____ me!

h Stefania è più intelligente ____ bella. Sei d'accordo?

2. Bilden Sie Sätze mit più / meno . . . di (mit oder ohne Artikel) / che.

Vittorio • essere preparato • te   più

Vittorio è più preparato di te.

a il computer • essere • utile • la macchina da scrivere   più

_____

b io • avere • una vita • eccitante • monotona   più

_____

c essere • difficile • andare d'accordo con Mauro • con Tiziana   meno

_____

d giocare a scacchi • essere • complicato • giocare a dama   più

_____

e io • essere • fortunata • Patrizia   meno

_____

3. Vergleichen Sie diese Personen. Ergänzen Sie die Sätze mit come oder mit più / meno . . . di.

Tommaso:	35 anni	1.80 m	capelli e occhi scuri	90 kg
Pietro:	37 anni	1.75 m	capelli e occhi scuri	80 kg
Alessia:	28 anni	1.65 m	bionda, occhi azzurri	52 kg
Giuliana:	28 anni	1.60 m	bionda, occhi scuri	48 kg

a Tommaso è _____ giovane _____ Pietro e _____ grande* _____ Alessia e Giuliana.

b Pietro è _____ basso _____ Tommaso e _____ alto _____ Alessia e Giuliana.

c Tommaso ha i capelli e gli occhi scuri _____ Pietro.

d Pietro pesa _____ di Tommaso, ma _____ di Alessia e Giuliana.

e Giuliana ha gli occhi scuri _____ Tommaso e Pietro ed è bionda _____ Alessia.

f Alessia ha 28 anni _____ Giuliana ed è _____ alta _____ lei.

g Giuliana è _____ bassa _____ Alessia e _____ magra _____ lei.

_____

* Im Italienischen ist „grande" auf das Alter, „alto" auf die Körpergröße bezogen.

87

38 Il fatto è segretissimo.
Die Sache ist streng geheim.

Superlativ der Adjektive

 Die höchste Steigerungsform des Adjektivs ist der Superlativ. Im Italienischen unterscheidet man zwischen dem relativen Superlativ (z. B. *Luigi è il più simpatico dei colleghi. – Luigi ist der sympathischste der Kollegen.*) und dem absoluten Superlativ (z. B. *un collega simpaticissimo – ein sehr sympathischer Kollege*).

 Relativer Superlativ (il più ...)
Der relative Superlativ hebt etwas oder jemanden aus einer Gruppe von Sachen oder Personen heraus. Zwei Strukturen sind möglich:

bestimmter Artikel + più / meno + Adjektiv
Giancarlo è **il più / meno simpatico**.   *Giancarlo ist der sympathischste / der am wenigsten sympathische.*

bestimmter Artikel + Substantiv + più / meno + Adjektiv
Questa è **la macchina più / meno cara**.   *Dieses ist das teuerste Auto / das billigste Auto.*

Ist ein zu vergleichendes Objekt genannt, so wird es mit **di** *(von)* oder **tra / fra** *(von / unter)* eingeleitet.
Questa è la macchina meno cara **di / fra** tutte.   *Dieses ist das billigste Auto von allen.*

 Absoluter Superlativ (-issimo)
Der absolute Superlativ drückt einen sehr hohen bzw. den höchsten Grad einer Eigenschaft aus, setzt aber keinen Vergleich voraus. Zur Bildung fügt man die Nachsilbe **-issimo/-a/-i/-e** an den Stamm des Adjektivs an.
Il fatto è segret**issimo**.   *Die Sache ist streng geheim.*
Rossana è una donna bell**issima**.   *Rossana ist eine sehr schöne Frau.*

Den absoluten Superlativ kann man auch mit **molto** *(sehr)* oder **assai** *(sehr)* vor dem Adjektiv bilden sowie durch Wiederholung des Adjektivs.
Il dolce è **molto / assai** buono.   *Der Kuchen ist sehr gut.*
Mi piace la mortadella **sottile sottile**.   *Ich mag sehr dünne Mortadella.*

! Adverbien bilden den absoluten Superlativ, indem man -issimo an den Stamm anhängt: ben**issimo** *(sehr gut)*. Bei Adverbien auf -mente wird -issima- vor der Endung -mente angehängt: veloc**issima**mente *(sehr schnell)*. Der absolute Superlativ wird auch mit **molto** ausgedrückt: **molto** bene, **molto** velocemente.

Superlativ der Adjektive 38

1. Verbinden Sie die linke mit der rechten Spalte.

a Ornella Muti è un'attrice   1 interessantissimi.
b „Va' dove ti porta il cuore" è il romanzo   2 alta delle torri di Bologna.
c Il Po è il fiume italiano   3 famosissima.
d I quadri metafisici di de Chirico sono   4 più grandi del Mediterraneo.
e La torre degli Asinelli è la più   5 più lungo.
f La Sicilia e la Sardegna sono le isole   6 più famoso di Susanna Tamaro.

2. Vervollständigen Sie die Sätze mit den unten stehenden Angaben.

piccolo piccolo   meno caro   assai interessante   più brava   contentissima
velocissimo   forte forte   molto eleganti

a Ho bisogno di un caffè _____ .
b Ho un appartamento _____ .
c Mia figlia si sposa. Sono _____ !
d Per la festa ho trovato dei pantaloni _____ .
e Quest'articolo è _____ . Chi l'ha scritto?
f Carmen è la _____ della classe.
g Per andare da Napoli a Roma prendo il pendolino, un treno _____ .
h Questo è il negozio _____ della città.

3. Wandeln Sie die Sätze um. Folgen Sie dem Beispiel.

Mimmo è simpatico.   *Mimmo è il più simpatico.*   *Mimmo è simpaticissimo.*

a Questo film è interessante.   _____   _____
b Rita, sei gentile!   _____   _____
c Questi esercizi sono difficili.   _____   _____
d È stata una bella giornata.   *È stata la giornata più*   *È stata una giornata*
                                         bella.   .
e Luca è un ragazzo alto.   _____   _____
f I vicini hanno una casa ordinata.   _____   _____
g Ada e Tina sono studiose.   _____   _____

4. Ergänzen Sie die Sätze mit dem relativen Superlativ oder mit dem absoluten Superlativ (-issimo/-a/-i/-e). Benutzen Sie dabei die deutschen Angaben in Klammern.

a Michela è *(die hübscheste)* _____ delle sorelle di Fernando.
b Attenzione! La zuppa è *(sehr heiß)* _____ !
c Ho conosciuto *(den ältesten)* _____ amico di mio padre.
d Oggi abbiamo avuto la giornata *(am wenigsten kalt)* _____ dell'anno.
e Romeo, fai uno sport *(sehr gefährlich)* _____ !
f Mi hanno regalato dei fiori *(stark duftend)* _____ .

39 Il mio cane è un tesoro!
Mein Hund ist ein Schatz!

Possessivadjektive und -pronomen

 Die besitzanzeigenden Wörter (Possessiva) *mein*, *dein* etc. werden auch Possessivadjektive bzw. -pronomen genannt. Sie richten sich in Geschlecht und Zahl nach dem jeweiligen Bezugswort und haben dieselben Endungen der Adjektive der ersten Gruppe (-o, -a, -i, -e) (→ Kap. 13).

! Im Gegensatz zum Deutschen werden die italienischen Possessivadjektive und -pronomen von bestimmten Artikeln begleitet.

Singular			
männlich		**weiblich**	
il mio	*mein*	la mia	*meine*
il tuo	*dein*	la tua	*deine*
il suo	*sein / ihr*	la sua	*seine / ihre*
il nostro	*unser*	la nostra	*unsere*
il vostro	*euer*	la vostra	*eure*
il loro	*ihr*	la loro	*ihre*

Plural			
männlich		**weiblich**	
i miei	*meine*	le mie	*meine*
i tuoi	*deine*	le tue	*deine*
i suoi	*seine / ihre*	le sue	*seine / ihre*
i nostri	*unsere*	le nostre	*unsere*
i vostri	*eure*	le vostre	*eure*
i loro	*ihre*	le loro	*ihre*

! • In der Höflichkeitsform werden die Possessivadjektive und -pronomen normalerweise groß geschrieben. Für einzelne Personen verwendet man die Formen *il Suo, la Sua, i Suoi, le Sue*, für mehrere Personen *il Vostro, la Vostra, i Vostri, le Vostre* (selten auch *il Loro, la Loro, i Loro, le Loro*).
• Im Italienischen wird das Geschlecht des Besitzers nicht näher definiert, man unterscheidet nicht zwischen *sein* und *ihr*. *La sua famiglia* kann deshalb sowohl *seine Familie* als auch *ihre Familie* bedeuten.
• Die Form *loro* ist unveränderlich. In diesem Fall wird nur der Artikel an das Bezugswort angepasst: *il loro amico* (ihr Freund), *la loro amica* (ihre Freundin).

 Possessiva können sowohl als Adjektive als auch als Pronomen gebraucht werden.
Possessivadjektive stehen vor dem Bezugswort.
Il **mio** cane è un tesoro.   *Mein Hund ist ein Schatz.*
La **mia** macchina è una Fiat.   *Mein Auto ist ein Fiat.*

Possessivpronomen ersetzen das Bezugswort.
Il mio cane è un tesoro, e il **tuo** ?   *Mein Hund ist ein Schatz, und deiner?*
La mia macchina è una Fiat, e la **tua** ?   *Mein Auto ist ein Fiat, und deines?*

Possessivadjektive und -pronomen   39

1. Ergänzen Sie die Sätze mit der richtigen Endung des Possessivadjektivs und mit dem passenden Artikel.

a Martina non trova ____ su__ scarpe. Sai dove sono?

b ____ mi__ domestica si è licenziata. – E ora come fai?

c Guarda che ____ tuo__ pantaloni sono sporchi. – Hai ragione!

d ____ vostr__ casa è splendida. Complimenti!

e I signori D'Amelio vendono ____ lor__ barca. Vogliamo comprarla noi?

f Che noia! Passiamo ____ nostr__ tempo a giocare a carte!

g Giampaolo, ____ tuo__ amici sono proprio simpatici!

h Scusi, mi dà ____ Su__ numero di telefono?

2. Vervollständigen Sie die Sätze mit den passenden Possessivpronomen.

Questa è la tua giacca?   *Sì, è la mia.*

a Questa non è la moto di Vincenzo?   Sì, è _____ .

b No. Questo non è il nostro ombrello!   Ma certo, è _____ !

c L'appartamento appartiene a Marco e Tiziana? No, non è _____ .

d Sei sicuro che i 20 euro sono i miei?   Sì, sì, sono proprio _____ !

e Il vostro regalo è bellissimo!   Guarda che non è _____ !

f Oggi devo lavare la biancheria.   Pure io. Se vuoi, lavo anche _____ .

g Queste sono le foto di Lina, vero?   Sì, sono _____ .

3. Wandeln Sie die Sätze um. Folgen Sie dem Beispiel.

Ha una macchina nuova.   *La sua macchina è nuova.*

a Ho un problema serio.   _____

b Hai un vestito molto elegante.   _____

c Abbiamo una gatta furbissima!   _____

d Bruno ha degli amici inglesi.   _____

e Avete una villa a Beverly Hills?   _____

f Hanno un giardino curatissimo!   _____

g Ho dei vicini insopportabili!   _____

4. Vervollständigen Sie mit den Possessivadjektiven oder Possessivpronomen.

a Ieri abbiamo incontrato _____ professore d'inglese del liceo. – Ah, sì! E dove?

b Prego, signori, questa è _____ camera.

c Adoro Baricco. Ho letto tutti _____ libri.

d Prendiamo il tuo motorino o _____ ?

e Amo cucinare. _____ lasagne sono speciali!

f Livio e Franco sono strani! Mi irrita soprattutto _____ atteggiamento.

g Caterina scrive benissimo! Hai letto _____ poesie?

h Perché usi sempre la mia penna? – Veramente non è _____ !

91

40 Mia moglie e i miei figli sono andati al mare.
Meine Frau und meine Kinder sind ans Meer gefahren.

Possessivadjektive mit Verwandtschaftsbezeichnungen

Die Possessivadjektive (il mio, il tuo etc.) werden in der Regel von bestimmten Artikeln begleitet (→ Kap. 39). In Zusammenhang mit Verwandtschaftsbezeichnungen werden jedoch im Singular die vorangestellten Artikel weggelassen, außer bei *loro (ihr)*.
Mia moglie e i miei figli sono andati al mare. *Meine Frau und meine Kinder sind ans Meer gefahren.*
Il loro zio viene da Ravenna. *Ihr Onkel kommt aus Ravenna.*

Singular männlich				Singular weiblich			
mio		mein		mia		meine	
tuo		dein		tua		deine	
suo	padre	sein / ihr	Vater	sua	madre	seine / ihre	Mutter
nostro		unser		nostra		unsere	
vostro		euer		vostra		eure	
il loro		ihr		la loro		ihre	

Plural männlich				Plural weiblich			
i miei		meine		le mie		meine	
i tuoi		deine		le tue		deine	
i suoi	figli	seine / ihre	Söhne / Kinder	le sue	figlie	seine / ihre	Töchter / Kinder
i nostri		unsere		le nostre		unsere	
i vostri		eure		le vostre		eure	
i loro		ihre		le loro		ihre	

! In folgenden Fällen wird der bestimmte Artikel auch in Verbindung mit Verwandtschaftsbezeichnungen gebraucht:
- im Plural: i miei figli *(meine Kinder)*, i nostri suoceri *(unsere Schwiegereltern)*
- bei *loro* sowohl im Singular als auch im Plural: il loro padre *(ihr Vater)*, i loro nonni *(ihre Großeltern)*
- bei Verkleinerungsformen und Koseformen: il nostro fratellino *(unser Brüderchen)*, la vostra cuginetta *(euer Cousinchen)*, il tuo papà *(dein Vati)*, la tua mamma *(deine Mutti)*
- bei Bezeichnungen wie il mio ragazzo / la mia ragazza *(mein Freund / meine Freundin)*, il mio fidanzato / la mia fidanzata *(mein Verlobter / meine Verlobte)*

Possessivadjektive mit Verwandtschaftsbezeichnungen 40

1. Ordnen Sie die Wörter dem passenden Feld zu.

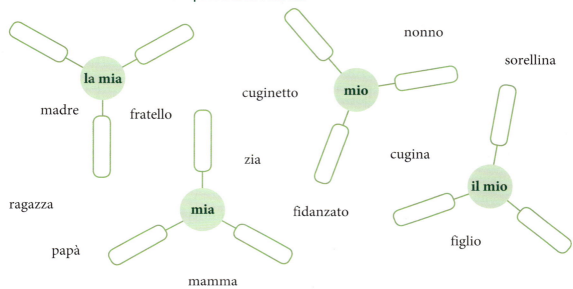

2. Ergänzen Sie die Sätze mit der richtigen Endung der Possessivadjektive und setzen Sie wo nötig den bestimmten Artikel ein.
   a Perché non vai d'accordo con ___ tuo__ genitori?
   b ___ mi__ ragazzo e io ci siamo conosciuti in Grecia l'anno scorso.
   c ___ su__ cugina lavora in un centro di estetica.
   d Che bella bambina! Chi è? – È ___ mi__ sorellina.
   e Ah, questi sono ___ vostr__ nonni!
   f Sai, ___ mi__ figlio si è lasciato con ___ su__ fidanzata. – Come mai?
   g Allora, com'è ___ tu__ suocera? – No comment!
   h Domani vado a trovare ___ mi__ zio. Vuoi venire con me?

3. Vervollständigen Sie die Sätze mit den Possessivadjektiven und wo nötig mit dem bestimmten Artikel.
   a Alessandro porta _____ ragazza alla festa sabato?
   b Ragazzi, quando tornano _____ genitori dalle vacanze?
   c Ehi, Davide, chi è questa nella foto? – _____ cugina.
   d L'anno scorso siamo andati a trovare _____ zii che vivono a Detroit.
   e Barbara, dov'è _____ fratellino? – A scuola.
   f Lo sai che Flora e Mauro vivono con _____ nonni?
   g Dottoressa Vinciguerra, come sta _____ marito? – Meglio, grazie.
   h Per andare al concerto devo chiedere il permesso a _____ padre.

93

41 Hai mangiato tutti i miei cioccolatini!
Du hast meine ganzen Pralinen aufgegessen!

Indefinitadjektive und -pronomen

REGEL — Indefinitadjektive und -pronomen beschreiben oder ersetzen nicht näher bestimmte Personen oder Sachen.

Tutto/-a/-i/-e *(all-, ganz)* steht als Adjektiv vor einem Substantiv und wird von bestimmten Artikeln (il, la, lo etc.) oder Demonstrativadjektiven (questo, quello etc.) begleitet. Oder es wird als Pronomen ohne weitere Begleitwörter verwendet.
Hai mangiato tutti i miei cioccolatini! (Adj.)   *Du hast meine ganzen Pralinen aufgegessen!*
Conosci tutte queste persone? (Adj.)   *Kennst du alle diese Leute?*
Ho perso tutto! (Pron.)   *Ich habe alles verloren!*

Alcuni/-e und **qualche** *(einige)* haben die gleiche Bedeutung.
- Alcuni/-e begleitet Substantive im Plural, stimmt mit deren Geschlecht überein und wird als Adjektiv oder Pronomen gebraucht.
  Ho alcuni amici / alcune amiche a Firenze. (Adj.)
    Ich habe einige Freunde / Freundinnen in Florenz.
  Ne ho alcuni. (Pron.)   *Ich habe einige (davon).*
- Qualche begleitet Substantive im Singular. Die Form ist unveränderlich und wird ausschließlich als Adjektiv verwendet.
  Ho qualche amico / qualche amica a Firenze.
    Ich habe einige Freunde / Freundinnen in Florenz.

Ogni *(jed-)* steht immer im Singular, ist unveränderlich und wird nur als Adjektiv verwendet.
Faccio sport ogni giorno.   *Ich treibe jeden Tag Sport.*
Usciamo ogni sera.   *Wir gehen jeden Abend aus.*

Altro *(andere)*, **molto** *(viel)*, **tanto** *(viel)*, **troppo** *(zu viel)* und **poco** *(wenig)* verhalten sich wie die Gruppe der Adjektive mit vier Endungsformen (-o,-a,-i,-e) (→ Kap. 13). Sie werden als Adjektive und Pronomen verwendet.
Cerco un altro appartamento. (Adj.)   *Ich suche eine andere Wohnung.*
Mangiamo molta frutta. (Adj.)   *Wir essen viel Obst.*
Hai tanti vestiti? (Adj.) – Ne ho troppi! (Pron.)   *Hast du viele Kleider? – Ich habe zu viele (davon).*
Conosco poche poesie. (Adj.)   *Ich kenne wenige Gedichte.*

Indefinitadjektive und -pronomen 41

1. Kreuzen Sie die richtige Form an.

a ... dicono che sono bella!
- ☐ Tutti
- ☐ Ogni

b ... anno vado una settimana in Italia.
- ☐ Ogni
- ☐ Altro

c Mio marito beve ... birra.
- ☐ tutta
- ☐ molta

d Allo spettacolo c'erano ... persone.
- ☐ poche
- ☐ qualche

e Livio ha ... animali.
- ☐ ogni
- ☐ tanti

f ... volta gioco a tennis.
- ☐ Qualche
- ☐ Troppa

2. Wandeln Sie die Sätze um, indem Sie alcuni/-e oder qualche verwenden.

Ho alcuni amici. → *Ho qualche amico.*

a Alcune volte andiamo al ristorante cinese.

_____

b Alla sfilata ho conosciuto qualche modella.

_____

c Vittorio possiede qualche oggetto d'antiquariato.

_____

d Mirco ha alcuni clienti in Olanda.

_____

3. Ergänzen Sie die Sätze mit tutto/-a/-i/-e und setzen Sie wo nötig den passenden bestimmten Artikel.

a Per il matrimonio _____ parenti ci hanno regalato dei soldi per la luna di miele.

b Hai preparato _____ per il viaggio?

c Che devi fare con _____ queste penne?

d Ieri portavo un cappello molto originale e _____ gente mi guardava!

e Hai mangiato _____ fragole? – Sì, le ho mangiate _____ !

4. Vervollständigen Sie die Sätze mit den unten stehenden Indefinitadjektiven und -pronomen.

altro   poche   troppa   tutti   ogni   tanti

a Mamma mia, mangi _____ cioccolata. Ti fa male!

b Giacomo e Ilaria hanno _____ soldi, eppure sono infelici.

c Ti svegli _____ mattina alle sei! E perché?

d Lo sai che Emilio ha trovato un _____ lavoro?

e Patrizia è sempre gentile con _____ .

f Puoi comprarmi delle sigarette? Me ne sono rimaste _____ .

42 E lei, chi è?
Und wer ist sie?

Fragewörter (chi?, quale?, quanto? …)

 Fragewörter werden gebraucht, um Fragen einzuleiten. Im Folgenden sind die wichtigsten italienischen Fragewörter aufgelistet.

chi?	wer? / wen?	E lei, chi è?	Und wer ist sie?
che cosa? / cosa?	was?	Che cosa mangi?	Was isst du?
che + Substantiv? welcher/-e/-es?, was für ein/-e?		Che sigarette fumi?	Welche Zigaretten rauchst du?
come?	wie?	Come si chiama?	Wie heißen Sie? / Wie heißt er / sie?
perché?	warum?	Perché piangete?	Warum weint ihr?
dove?	wo? / wohin?	Dove vai?	Wohin gehst du?
da dove? / di dove?	woher?	Di dove sono?	Woher sind sie?
quando?	wann?	Quando tornate?	Wann kommt ihr zurück?

quale? / quali? *welcher/-e/-es?, was für ein/-e?*

Quale hat eine Form für den Singular und eine für den Plural. Es kann als Adjektiv und als Pronomen gebraucht werden. Vor der Verbform è *(er / sie / es ist)* wird **quale** zu **qual** verkürzt.

Quale gonna compro? (Adj.)   Welchen Rock kaufe ich?
Ho tanti fiori. Quali preferisci? (Pron.)   Ich habe viele Blumen. Welche möchtest du?
Qual è la tua macchina?   Welches ist dein Auto?

quanto/-a/-i/-e? *wie viel?*

Quanto hat vier Formen, die sich nach Geschlecht und Zahl unterscheiden. Es kann als Adjektiv und als Pronomen gebraucht werden.

Quanto pane compro? (Adj.)   Wie viel Brot kaufe ich?
Vorrei delle pere. – Quante ne vuole? (Pron.)   Ich möchte Birnen. – Wie viele möchten Sie?

! Chi, che cosa / cosa, che, quale, quanto können auch mit einer Präposition verwendet werden.
Con chi esci?   Mit wem gehst du aus?
A cosa pensi?   Woran denkst du?

Fragewörter (chi?, quale?, quanto? . . .) 42

1. Kreuzen Sie das richtige Fragewort an.

a Con . . . parli?
  ▢ chi
  ▢ dove

b . . . cappello ti piace di più?
  Questo o quello?
  ▢ Che cosa
  ▢ Quale

c . . . partite per le vacanze?
  ▢ Quanto
  ▢ Quando

d . . . libri leggi all'anno?
  ▢ Quanti
  ▢ Perché

e . . . sono i tuoi amici?
  ▢ Di dove
  ▢ Quando

f A . . . anni hai cominciato a studiare
  pianoforte?
  ▢ quali
  ▢ quanti

2. Vervollständigen Sie die Sätze mit den Formen von quanto oder quale.

a Scusi, _____ costa questo cappotto? – 375 euro.

b _____ bicchieri usiamo? Quelli a calice?

c Da _____ anni vi conoscete? – Da almeno dieci anni!

d _____ uova hai comprato? – Sei, come al solito.

e _____ tavolo preferite? Questo qui o quello vicino alla finestra?

f _____ è la tua macchina? Quella nera lì in fondo?

3. Setzen Sie das richtige Fragewort ein. Achtung! In einigen Fällen muss man auch die dazu passende Präposition verwenden.

a _____ numero di scarpe porti? – Porto il 38.

b _____ sei così triste? – È morto il gatto!

c _____ mandi tutte queste e-mail? – Al mio ragazzo che studia a Pisa.

d _____ lavoro fa? – Sono ingegnere.

e _____ sono gli spaghetti alla carbonara? – Buoni!

f _____ avete parlato tutto il tempo? – Con due compagne di scuola.

4. Stellen Sie die passenden Fragen zu folgenden Antworten.

(Lei) _Come si chiama?_   Ludovico Sarti.

a (tu) _____   Ho 27 anni.

b _____   Siamo stati all'isola d'Elba.

c (tu) _____   Ho comprato una gonna a fiori.

d _____   Eravamo solo dieci.

e (Lei) _____   Vengo dalla Germania.

f (tu) _____   Il mio film preferito è „Pane e Tulipani".

g _____   Parlano tre lingue.

h _____   Susanna va da sua zia.

97

TEST 3

Kapitel 29–42

Wählen Sie die richtige Form.

ci und ne

1. Mamma va in farmacia oggi? –
   Sì, . . . va più tardi.
   a) ☐ ci
   b) ☐ —

2. Cosa facciamo domenica? –
   . . . andiamo al mare!
   a) ☐ Ci
   b) ☐ —

3. Ha delle uova? – Quante . . . vuole?
   a) ☐ ci
   b) ☐ ne

4. Vi piace la mia nuova macchina?
   Che . . . dite?
   a) ☐ ne
   b) ☐ —

questo und quello

5. . . . camicia è troppo grande per me.
   a) ☐ Questa
   b) ☐ Questo

6. Vuole provare le scarpe rosse? –
   No, vorrei provare . . . verdi.
   a) ☐ questi
   b) ☐ queste

7. Lo conosci quel signore? -
   . . . è mio padre.
   a) ☐ Quello
   b) ☐ Quel

8. Che belli . . . stivali!
   a) ☐ quegli
   b) ☐ quelli

passato prossimo

9. Ieri Patrizia . . . con Salvatore.
   a) ☐ è uscito
   b) ☐ è uscita

10. Domenica scorsa abbiamo . . .
    una gita in barca.
    a) ☐ fatti
    b) ☐ fatto

11. Dove . . . stati in vacanza?
    a) ☐ avete
    b) ☐ siete

12. Ieri sera . . . visto un film.
    a) ☐ sono
    b) ☐ ho

13. Alberto si . . . divertito molto!
    a) ☐ è
    b) ☐ ha

14. Hai comprato la carne? – Sì, l'ho . . . .
    a) ☐ comprato
    b) ☐ comprata

15. Le piace questo vino? – Sì, ne ho
    già . . . due bicchieri.
    a) ☐ bevuti
    b) ☐ bevute

16. Quando . . . cominciato il film?
    a) ☐ ha
    b) ☐ è

17. Ragazzi, . . . finito?
    a) ☐ siete
    b) ☐ avete

Komparativ und Superlativ der Adjektive

18. Secondo me andare in bicicletta è più
    divertente . . . andare in moto.
    a) ☐ di
    b) ☐ che

19. Questo pullover di lana è
    meno caldo . . . quello sintetico.
    a) ☐ di
    b) ☐ che

98

20. Miriam è . . . della famiglia.
   a)   intelligentissima
   b)   la più intelligente

21. Ho letto un libro . . . .
   a)   interessantissimo
   b)   il più interessante

Possessivadjektive und -pronomen

22. Alberto ha tanti amici. I . . . amici sono molto simpatici.
   a)   suoi
   b)   suo

23. . . . casa è grandissima.
   a)   La loro
   b)   I loro

24. Queste sono le mie scarpe, . . . sono lì.
   a)   le tue
   b)   i tuoi

25. . . . nonni abitano in campagna.
   a)   I miei
   b)   Miei

26. Come si chiama . . . marito?
   a)   il tuo
   b)   tuo

Indefinitadjektive und -pronomen

27. Alfredo, hai fatto . . . compiti?
   a)   tutti i
   b)   tutti

28. Ho qualche . . . negli Stati Uniti.
   a)   amici
   b)   amico

Fragewörter

29. . . . vestito compro per il matrimonio?
   a)   Quale
   b)   Quali

30. . . . pensi?
   a)   Chi
   b)   A chi

Vergleichen Sie nun Ihre Lösungen mit dem Schlüssel auf S. 156. Wenn Sie Aufgaben nicht richtig gelöst haben, wiederholen Sie noch einmal das betreffende Kapitel. Diese Tabelle zeigt Ihnen, auf welches Kapitel sich die einzelnen Aufgaben beziehen.

Aufgabe	Kapitel	Aufgabe	Kapitel	Aufgabe	Kapitel	Aufgabe	Kapitel	Aufgabe	Kapitel
1	29	7	32	13	34	19	37	25	40
2	29	8	32	14	35	20	38	26	40
3	30	9	33	15	35	21	38	27	41
4	30	10	33	16	36	22	39	28	41
5	31	11	34	17	36	23	39	29	42
6	31	12	34	18	37	24	39	30	42

43 Tu non c'eri.
Du warst nicht da.

Imperfetto: Formen

Neben dem passato prossimo (→ Kap. 33, 34) gibt es im Italienischen eine andere sehr gebräuchliche Vergangenheitsform, das imperfetto (Imperfekt). Hauptsächlich wird es verwendet, um Zustände sowie Vorgänge in der Vergangenheit zu beschreiben, die gewohnheitsmäßig oder von unbestimmter Dauer sind (mehr über den Gebrauch → Kap. 44).

Das imperfetto wird gebildet, indem man an den Verbstamm folgende Endungen anfügt:

	-are	-ere	-ire		giocare *spielen*	volere *wollen*	venire *kommen*
(io)	-avo	-evo	-ivo	(io)	giocavo	volevo	venivo
(tu)	-avi	-evi	-ivi	(tu)	giocavi	volevi	venivi
(lui, lei, Lei)	-ava	-eva	-iva	(lui, lei, Lei)	giocava	voleva	veniva
(noi)	-avamo	-evamo	-ivamo	(noi)	giocavamo	volevamo	venivamo
(voi)	-avate	-evate	-ivate	(voi)	giocavate	volevate	venivate
(loro)	-avano	-evano	-ivano	(loro)	giocavano	volevano	venivano

Da bambini giocavamo sempre insieme.   *Als kleine Kinder spielten wir immer zusammen.*
Il pesce lo volevo cucinare la settimana scorsa.   *(Den) Fisch wollte ich letzte Woche kochen.*
La domenica venivano sempre i miei zii a pranzo.   *Sonntags kamen immer mein Onkel und meine Tante zum Mittagessen.*

Unregelmäßige Verben

Es gibt wenige Verben mit einer unregelmäßigen Bildung des imperfetto. Dabei ändert sich nur der Verbstamm, die Endungen bleiben erhalten. Die wichtigsten unregelmäßigen Verben sind:

	bere *trinken*	dire *sagen*	essere *sein*	fare *machen, tun*
(io)	bevevo	dicevo	ero	facevo
(tu)	bevevi	dicevi	eri	facevi
(lui, lei, Lei)	beveva	diceva	era	faceva
(noi)	bevevamo	dicevamo	eravamo	facevamo
(voi)	bevevate	dicevate	eravate	facevate
(loro)	bevevano	dicevano	erano	facevano

Tu non c'eri.   *Du warst nicht da.*
Da giovane Marco faceva molto sport.   *Als Marco jung war, trieb er viel Sport.*

Imperfetto: Formen 43

1. Ordnen Sie die Verbformen in die richtige Spalte ein.

leggeva • dormivi • facevano • si alzavano • guardava • parlavi • dicevo • uscivano •
partivo • dovevamo • capivano • scrivevate • ti lavavi • bevevamo • sapevi • avevate

io	tu	lui / lei / Lei	noi	voi	loro

2. Vervollständigen Sie die Tabelle mit den fehlenden Verbformen.

cantare	prendere	salire
cantavo	_____	_____
_____	prendevi	_____
cantava	_____	
_____	_____	salivamo
_____	_____	salivate
_____	prendevano	_____

3. Vervollständigen Sie die Sätze mit den unten stehenden Verbformen.

seguivate   eravamo   lavoravo   facevi   andavamo   beveva   mettevano   finivi

a Prima _____ in banca, ora lavoro in proprio.
b Da bambini _____ sempre al mare in Spagna, sulla Costa Brava.
c A pranzo mio padre _____ sempre un bicchiere di vino.
d Federica e io _____ molto amiche ai tempi del liceo.
e I miei fratelli non _____ mai in ordine la loro camera.
f Perché non _____ i corsi all'università?
g Pino, a che ora _____ di studiare, quando andavi all'università?
h E tu che cosa _____ il fine settimana?

4. Ergänzen Sie mit der passenden Verbform im imperfetto.

a Per andare in ufficio mio padre *(dovere)* _____ prendere il treno.
b La sera, prima di dormire, mia madre ci *(raccontare)* _____ una favola.
c Quando eravate piccoli, *(mangiare)* _____ la verdura?
d Prima non *(noi / andare)* _____ mai al cinema.
e All'università Renato e Franco *(vivere)* _____ insieme ad altri tre studenti.
f Prima *(io / uscire)* _____ raramente.
g Lucio, *(fare)* _____ sport da ragazzo?
h Da giovane *(io / divertirsi)* _____ moltissimo con i miei amici.

101

44 Mi regalava sempre rose rosse.
Er hat mir immer rote Rosen geschenkt.

Imperfetto und passato prossimo: Gebrauch

Der Unterschied im Gebrauch von passato prossimo und imperfetto ist nicht immer leicht auszumachen. Folgende kontrastive Gegenüberstellung ist dabei hilfreich.

 Das **imperfetto** wird verwendet,
- um Personen und Dinge sowie Zustände in der Vergangenheit zu beschreiben;
  Era una donna bella e intelligente.   Sie war eine schöne und intelligente Frau.
  Faceva freddo e pioveva.   Es war kalt und es regnete.
  In chiesa non c'era nessuno.   In der Kirche war niemand.
- um Handlungen von unbestimmter Dauer zu beschreiben;
  Abitavamo in un piccolo paese di provincia.   Wir wohnten in einem kleinen Dorf in der Provinz.
- um Vorgänge auszudrücken, die sich wiederholen oder gewohnheitsmäßig ablaufen;
  Quando studiavo all'università, andavo spesso in Inghilterra.   Als ich an der Uni studierte, bin ich oft nach England gefahren.
  Mi regalava sempre rose rosse.   Er hat mir immer rote Rosen geschenkt.
- wenn mehrere Handlungen gleichzeitig ablaufen.
  Mentre facevo la doccia, ascoltavo la musica.   Während ich duschte, habe ich Musik gehört.

 Das **passato prossimo** verwendet man hingegen in folgenden Fällen:
- bei abgeschlossenen Vorgängen der Vergangenheit;
  Abbiamo abitato due anni a Roma.   Wir haben zwei Jahre in Rom gewohnt.
- bei Handlungen, die einmalig sind oder aufeinanderfolgen.
  Una volta mi ha addirittura regalato un anello!   Einmal hat er mir sogar einen Ring geschenkt!
  Siamo tornati a casa, abbiamo preparato la cena e poi abbiamo guardato la TV.   Wir sind heimgekehrt, haben das Abendessen vorbereitet und haben dann ferngesehen.

! Ist eine Handlung noch nicht abgeschlossen, während eine weitere Handlung eintritt, verwendet man das imperfetto für die erste nicht abgeschlossene Handlung, das passato prossimo für die hinzutretende Handlung.

| Mentre facevo la doccia, | hanno bussato alla porta. | Während ich duschte, hat es an die Tür geklopft. |
| nicht abgeschlossene Handlung | neu hinzutretende Handlung | |

Imperfetto und passato prossimo: Gebrauch 44

1. Ergänzen Sie den Text mit den rechts stehenden Verbformen.

Breve storia di Manuele

Da piccolo Manuele _____ un bambino vivacissimo. Dopo la scuola, tutti
i pomeriggi, _____ a calcio con gli amici del quartiere. Poi, insieme alla
mamma, _____ i compiti. Quando il papà _____ dall'ufficio,
_____ insieme con i lego® oppure _____ delle favole. Quando
però era ora di andare a dormire, Manuele _____ a piangere e a gridare
perché non _____ mai stanco. Una sera i suoi genitori disperati lo
_____ nella sua camera. Allora Manuele _____ sul letto e
_____ a saltare su e giù, tanto che alla fine il letto _____ .
Quella sera Manuele _____ sul pavimento! Dato che il pavimento
_____ duro, la mattina dopo Manuele _____ stanchissimo.
Da quel giorno Manuele _____ sempre a dormire senza fare tante storie.

giocava   è andato
era   hanno chiuso
era   tornava
giocavano
cominciava
era   faceva
è salito
si sentiva
ha cominciato
si è rotto
ha dormito
leggevano

2. Imperfetto oder passato prossimo? Unterstreichen Sie die richtige Verbform.

a   Chi c'è stato / c'era alla festa? – Non lo so. Non ci sono andato / ci andavo.

b   Da ragazzo Luigi ha portato / portava gli occhiali. Adesso ha le lenti a contatto.

c   Mentre ho aspettato / aspettavo il treno, ho incontrato / incontravo un vecchio amico di scuola.

d   Nel 2010 siamo stati / eravamo in vacanza in Tailandia.

e   Prima Laura e Giulio hanno abitato / abitavano a Torino, al centro. L'anno scorso hanno comprato / compravano una villa in campagna.

f   Sofia è stata / era una ragazza molto timida, infatti a scuola non ha parlato / parlava mai!

g   Mentre la mamma ha preparato / preparava la cena, i bambini hanno fatto / facevano i compiti.

h   Domenica scorsa abbiamo fatto / facevamo una gita al lago e poi la sera siamo andati / andavamo a ballare.

3. Vervollständigen Sie den Dialog. Setzen Sie die Verben ins imperfetto oder passato prossimo.

▲ Ciao, Valeria! Allora, come (passare) _____ le vacanze?

● Bene, bene! Dunque, ti racconto: la mattina (alzarsi) _____ di solito verso
le dieci, (vestirsi) _____ e (scendere) _____ a fare colazione.
Poi (comprare) _____ il giornale e (andare) _____ in spiaggia.

▲ E il pomeriggio che (fare) _____ ?

● Ogni giorno qualcosa di diverso: una volta (fare) _____ una gita ad Amalfi,
un'altra volta (visitare) _____ Pompei . . .

▲ Ah, bello . . . E la sera?

● Beh, prima (cenare) _____ al ristorante dell'albergo e poi (fare) _____
una passeggiata sul lungomare, (mangiare) _____ un gelato . . .

▲ Una vacanza rilassante!

103

45 Lo sapevi?
Wusstest du das?

Modalverben, sapere und conoscere im imperfetto und passato prossimo

 Die Bedeutung der Modalverben volere, dovere und potere ändert sich je nachdem, ob sie im imperfetto oder passato prossimo gebraucht werden. Im imperfetto ist der Handlungsverlauf hypothetisch und kontextbedingt, im passato prossimo dagegen geht man von einer tatsächlich stattgefundenen Handlung aus.

Dovevo andare dal dottore.
Ich hätte zum Arzt gehen müssen.
   (Es ist unklar, ob er / sie hingegangen ist.)
Potevamo vedere il film su Rai uno.
Wir hätten den Film auf Rai uno sehen können.
   (Es ist nicht klar, ob sie den Film gesehen haben.)
Ti volevo chiamare ma non ho avuto tempo.
Ich wollte dich anrufen, aber ich habe keine Zeit gehabt. (Er / Sie hat nicht angerufen.)

Sono dovuto andare dal dottore.
Ich musste zum Arzt gehen.
   (Er / Sie ist hingegangen.)
Abbiamo potuto vedere il film su Rai uno.
Wir konnten den Film auf Rai uno sehen.
   (Sie haben den Film gesehen.)
Ti ho voluto chiamare subito.
Ich habe dich sofort anrufen wollen.
   (Er / Sie hat angerufen.)

! Das Verb volere kann im imperfetto auch Folgendes ausdrücken:
- eine höfliche Bitte;
  Volevo un'informazione.   *Ich würde gerne eine Auskunft haben.*
- einen Wunsch oder eine Absicht.
  Luigia voleva fare un corso di francese.   *Luigia hatte vor, einen Französischkurs zu besuchen.*

 Auch sapere und conoscere ändern ihre Bedeutung je nachdem, ob sie im imperfetto oder passato prossimo gebraucht werden:
sapere bedeutet im imperfetto *wissen*, im passato prossimo *erfahren*;
conoscere bedeutet im imperfetto *kennen*, im passato prossimo *kennenlernen*.

Lo sapevi che adesso si possono comprare gli alberi di Natale online?
Wusstest du, dass es jetzt möglich ist, Weihnachtsbäume online zu kaufen?
Conoscevo già Marta.
Ich kannte Marta schon.

Ho saputo che ti sei laureato.
Ich habe erfahren, dass du dein Studium abgeschlossen hast.

Ho conosciuto Marta all'università.
Ich habe Marta an der Universität kennengelernt.

104

Modalverben, *sapere* und *conoscere* im imperfetto und passato prossimo   **45**

1. Verbinden Sie die linke mit der rechten Spalte zu sinnvollen Sätzen.

a Ugo ha appena saputo che   1 il suo ragazzo chattando.

b Lo sapevi che   2 se hai voglia di giocare a tennis domenica.

c Volevo sapere   3 ha superato l'esame.

d Vilma ha conosciuto   4 al corso di computer.

e Non conoscevo nessuno   5 ma purtroppo nevicava.

f Dovevamo partire stamattina   6 andare in ufficio perché avevo la febbre.

g Ieri non sono potuto   7 i vicini si sono trasferiti?

2. Vervollständigen Sie die Sätze mit den unten stehenden Verbformen.

(volevamo) (hai conosciuto) (ho saputo) (siamo potuti) (doveva) (potevi) (sapevate)

a *(noi)* _____ invitarvi a cena ma poi Melania ha avuto un incidente.

b Lo *(voi)* _____ che Anna e Paolo vogliono divorziare?

c Me lo _____ dire prima che stasera non hai tempo. Ho già comprato i biglietti!

d *(noi)* Non _____ andare in vacanza perché Giorgio ha trovato un nuovo lavoro.

e La tua amica di Barcellona non _____ arrivare oggi? – Sì, ma ha perso l'aereo!

f Quando *(tu)* _____ Fabrizio? – Tre anni fa.

g Giacomo si è fidanzato! – L' _____ ieri da una mia amica.

3. Ergänzen Sie den Dialog mit den angegebenen Verben im imperfetto oder passato prossimo.

▲ Giuliana, che brutta faccia! Che ti è successo?

● Guarda, di tutto! Come sai, *(dovere)* _____ partire . . .

▲ Ah, è vero! *(tu / dovere)* _____ andare a Parigi per affari, no?

● Appunto . . . Ieri pomeriggio, prima di partire, *(io / volere)* _____ fare alcune
commissioni. Ho preso la macchina e sono andata all'ufficio postale. Lì, però, non
(potere) _____ pagare la bolletta perché c'era un problema ai computer.
Non *(volere)* _____ aspettare e quindi ho pensato di passare prima in
farmacia. Sono entrata in macchina e ho visto che avevo una ruota bucata. Quindi
(dovere) _____ andare subito dal meccanico che per fortuna era lì vicino.

▲ E il meccanico era chiuso!

● No, no, era aperto ma aveva molto da fare, perciò *(dovere)* _____ aspettare
un sacco di tempo.

▲ Non *(tu / potere)* _____ lasciare la macchina lì?

● E no! La macchina mi serviva. *(io / dovere)* _____ ancora ritirare il biglietto
e l'agenzia è dall'altro lato della città!

▲ Mi *(potere)* _____ chiamare.

● Beh, non ti *(volere)* _____ disturbare. Comunque alla fine ho risolto tutto.
Ho ritirato il biglietto. Sono tornata a casa per fare la valigia e *(sapere)* _____
che il collega di Parigi era malato e quindi *(noi / dovere)* _____ rimandare
l'appuntamento. Perciò non sono più partita!

46 È una ricetta che ho trovato in una rivista.
Es ist ein Rezept, das ich in einer Zeitschrift gefunden habe.

Relativpronomen: che oder cui?

Wie im Deutschen kann man auch im Italienischen zwei Sätze mit Relativpronomen verbinden.

| È una ricetta. | Ho trovato la ~~ricetta~~ in una rivista. | *Es ist ein Rezept. Ich habe das Rezept in einer Zeitschrift gefunden.* |

È una ricetta **che** ho trovato in una rivista.   *Es ist ein Rezept, das ich in einer Zeitschrift gefunden habe.*

Die wichtigsten Relativpronomen sind che und cui.

➡ **che**

Das Relativpronomen che ist unveränderlich. Che wird im Nebensatz als Subjekt oder als direktes Objekt gebraucht.

Ho un amico **che** vive a San Francisco.   che ➡ Subjekt
Ich habe einen Freund, der in San Francisco lebt.

Questi sono i due libri **che** ho letto volentieri.   che ➡ direktes Objekt
Das sind die zwei Bücher, die ich gerne gelesen habe.

➡ **cui**

Das Relativpronomen cui ist ebenfalls unveränderlich. Cui wird als indirektes Objekt (Dativ) oder nach einer Präposition (con, su etc.) verwendet.

La persona **a cui** ho mandato l'e-mail è una vecchia amica.   a cui ➡ indirektes Objekt
Die Person, der ich die E-Mail geschickt habe, ist eine alte Freundin.

Bei cui kann die Präposition a eventuell entfallen:
La persona cui ho mandato l'e-mail è una vecchia amica.

Le persone **con cui** lavoro sono molto affidabili.   con cui ➡ Präposition + cui
Die Leute, mit denen ich arbeite, sind sehr zuverlässig.

! Die Relativpronomen che und cui können durch ein weiteres Relativpronomen il quale (la quale, i quali, le quali) ersetzt werden, welches aber in der gesprochenen Sprache selten verwendet wird.

Le persone con le quali lavoro sono molto affidabili.   *Die Leute, mit denen ich arbeite, sind sehr zuverlässig.*

Relativpronomen: *che* oder *cui?* 46

1. Bilden Sie Sätze.

a Non conosco la ditta per
b Il film
c Finalmente ho trovato l'appartamento
d Non sei ancora andato a vedere lo spettacolo di
e Hai visto il regalo
f È un vaso prezioso a
g Quello è il ragazzo con
h Mamma, l'asciugacapelli

che

cui

è uscita Roberta. Bello, vero?
mi ha fatto Sabina?
lavora Umberto.
cercavo!
ti ho tanto parlato?
tengo particolarmente.
hai comprato si è già rotto!
abbiamo visto ieri sera era noiosissimo!

2. Verbinden Sie die Sätze mit che oder cui + Präposition.

Conosci Francesco? A Francesco ho prestato il vocabolario d'inglese.

Conosci Francesco a cui ho prestato il vocabolario d'inglese?

a Ieri ho incontrato Erminia. Con Erminia ho seguito il corso di spagnolo.

_____

b Gianluca vive in una strada. La strada è molto rumorosa.

_____

c Vi piace il quadro? Ho dipinto questo quadro.

_____

d Questa è la ragazza. Per questa ragazza Antonio ha perso la testa!

_____

e Volete provare il cocktail? Ho preparato il cocktail proprio per voi.

_____

3. Vervollständigen Sie mit che oder cui + Präposition.

a Tania e Cristiano sono quei ragazzi _____ ho conosciuto a Rimini.
b Quanto era alta la montagna _____ siete saliti?
c Come si chiamava la ragazza _____ abitavi a Londra?
d Finalmente abbiamo visto la mostra _____ ci hai parlato.
e Guarda, quella è la casa _____ hanno comprato Anna e Luigi.
f Come si chiama l'ultimo libro _____ ha scritto Umberto Eco?
g La persona _____ abbiamo chiesto l'informazione è stata gentilissima.
h Hai visto il quaderno _____ era qui sul tavolo?

107

47 Ti avevo detto di chiedere un dépliant dell'albergo!
Ich hatte dich gebeten, nach einem Prospekt von dem Hotel zu fragen!

Trapassato prossimo

 Trapassato prossimo ➡ Vorvergangenheit
Das trapassato prossimo entspricht dem deutschen Plusquamperfekt und beschreibt Handlungen oder Zustände der Vergangenheit, die zeitlich vor anderen Vorgängen stattgefunden haben.

Ti **avevo detto** di chiedere un dépliant dell'albergo! Ma non l'hai fatto.   *Ich hatte dich gebeten, nach einem Prospekt von dem Hotel zu fragen! Du hast es aber nicht getan.*
Carlo **era** già **partito**, quando gli ho telefonato.   *Carlo war schon abgereist, als ich ihn angerufen habe.*

 Wie im deutschen Plusquamperfekt wird das trapassato prossimo im Italienischen mit den Formen des imperfetto von *avere* bzw. *essere* und dem Partizip Perfekt (→ Kap. 33, 34) des Hauptverbs gebildet.

	imperfetto von avere	Partizip Perfekt		imperfetto von essere	Partizip Perfekt
(io)	avevo		(io)	ero	
(tu)	avevi		(tu)	eri	partito/-a
(lui, lei, Lei)	aveva	detto	(lui, lei, Lei)	era	
(noi)	avevamo		(noi)	eravamo	
(voi)	avevate		(voi)	eravate	partiti/-e
(loro)	avevano		(loro)	erano	

Trapassato prossimo   47

1. Verbinden Sie die linke mit der rechten Spalte zu sinnvollen Sätzen.

a Poiché mi era venuta fame, . . .   1 e l'ho rivista ieri, per caso, al supermercato.

b Non ho fatto l'esame . . .   2 ho mangiato un panino con la mortadella.

c Ieri avevo pensato di telefonarti . . .   3 ma non sono riuscito a trovare il tuo numero.

d Avevo conosciuto Giulia in treno . . .   4 siamo potuti andare alla festa.

e Erano usciti per comprare un regalo . . .   5 perché non avevo studiato tutto il programma.

f Poiché avevamo finito quel lavoro, . . .   6 ma non hanno trovato niente di bello.

2. Ergänzen Sie die Sätze mit den angegebenen Verben.

avevamo fissato   era ancora finita   aveva regalato

aveva appena cominciato   era già andata

a Quando sono andato via, la riunione non _____ .

b _____ a piovere, quando ho deciso di uscire.

c Quando sono tornato a casa, Clelia _____ a letto.

d Il mio ragazzo, per il mio compleanno, mi ha regalato lo stesso pullover che mi
    _____ l'anno scorso!

e _____ l'appuntamento dall'avvocato due settimane fa e poi
    l'abbiamo dimenticato.

3. Setzen Sie die Verben ins trapassato prossimo.

a L'altro ieri un passante mi ha chiesto un'informazione. Io ho parlato per mezz'ora e poi ho
    notato che non *(capire)* _____ niente, perché non parlava l'italiano!

b Renato e Fabio *(comprare)* _____ due biglietti per lo stadio, ma poi si sono
    ammalati e non sono potuti andarci.

c *(noi / decidere)* _____ di sposarci, ma poi Nino mi ha lasciato.

d Quando sono uscita dal teatro, ero scioccata . . . Non *(vedere)* _____ mai _____
    un balletto così brutto!

4. Passato prossimo, trapassato prossimo oder imperfetto? Ergänzen Sie die Sätze.

a Poiché *(noi / dimenticare)* _____ di innaffiare le piante, al ritorno
    dalle vacanze le *(noi / trovare)* _____ tutte secche.

b Siccome dalla nascita di nostro figlio non *(noi / trascorrere)* _____ più _____
    una serata da soli, ieri *(chiamare)* _____ una baby-sitter e finalmente
    (uscire) _____ ! *(prenotare)* _____ un tavolo al ristorante,
    ma poi *(cambiare)* _____ idea e *(andare)* _____ al cinema.

c Dato che ieri Rita e Stefania non *(mangiare)* _____ niente tutto il giorno,
    la sera *(andare)* _____ in pizzeria. Lì *(conoscere)* _____ due
    tipi di Milano, i quali *(volere)* _____ portarle in discoteca, ma Rita e Stefania
    (essere) _____ stanchissime e *(rifiutare)* _____ l'invito!

109

48 Potresti comprarne una nuova!
Du könntest ein neues kaufen!

Condizionale presente: Formen

REGEL

Das condizionale presente kann im Deutschen mit der Struktur „ich würde + Infinitiv", z. B. direi *ich würde sagen*, wiedergegeben werden oder mit dem Konjunktiv Imperfekt, z. B. potresti *du könntest*.
Die Formen des condizionale presente werden aus dem Infinitiv des Verbs abgeleitet. Dabei wird die Infinitivendung um den letzten Vokal verkürzt und die Endungen des condizionale presente (-ei, -esti, -ebbe, -emmo, -este, -ebbero) werden angehängt: scrivere ➡ scriver-ei.

Regelmäßige Verben

	guardare *sehen*	**scrivere** *schreiben*	**preferire** *bevorzugen*
(io)	guarderei	scriverei	preferirei
(tu)	guarderesti	scriveresti	preferiresti
(lui, lei, Lei)	guarderebbe	scriverebbe	preferirebbe
(noi)	guarderemmo	scriveremmo	preferiremmo
(voi)	guardereste	scrivereste	preferireste
(loro)	guarderebbero	scriverebbero	preferirebbero

!
- Bei den Verben der ersten Konjugation (-are) ändert sich das -a der Infinitivendung zu einem -e, z. B. guardare ➡ guarder-ei *(ich würde sehen)*. Ausnahmen sind dare ➡ dar-ei *(ich würde geben)*, fare ➡ far-ei *(ich würde machen)*, stare ➡ star-ei *(ich würde bleiben)*.
- Bei den Verben mit Infinitivendung auf -care und -gare wird zur Beibehaltung des ursprünglichen Lautes ein h zwischen dem Verbstamm und der Endung eingefügt: cercare ➡ cercher-ei *(ich würde suchen)*, pagare ➡ pagher-ei *(ich würde bezahlen)*.
- Die Verben mit Endung auf -giare und -ciare verlieren das i ihres Stammes: mangiare ➡ manger-ei *(ich würde essen)*, baciare ➡ bacer-ei *(ich würde küssen)*.

Unregelmäßige Verben
Bei unregelmäßigen Verben ändert sich nur der Verbstamm, während die Endungen des condizionale presente erhalten bleiben. Nach dem gleichen Prinzip wird das Futur gebildet (→ Kap. 54). Hier eine Liste einiger unregelmäßiger Verben (→ Anhang):

andare ➡ andrei, . . . *(ich würde gehen)*   potere ➡ potrei, . . . *(ich könnte)*
avere ➡ avrei, . . . *(ich hätte)*   sapere ➡ saprei, . . . *(ich wüsste)*
dovere ➡ dovrei, . . . *(ich müsste)*   venire ➡ verrei, . . . *(ich würde kommen)*
essere ➡ sarei, . . . *(ich wäre)*   volere ➡ vorrei, . . . *(ich möchte)*

Condizionale presente: Formen 48

1. Tragen Sie die Verbformen in den passenden Sack ein.

2. Vervollständigen Sie die Tabelle, indem Sie die rechts stehenden Verbformen einordnen.

aiutare	vivere	capire
aiuterei	_____	_____
_____	_____	_____
_____	_____	capirebbe
_____	_____	_____
_____	vivrebbero	_____

vivrebbe · capirei · vivrei · capiresti · aiuterebbe · vivreste · capiremmo · capireste · vivremmo · aiuterebbero · aiutereste · aiuteremmo · vivresti · aiuteresti · capirebbero

3. Setzen Sie die Verben in das condizionale presente.
a Caro, *(potere)* _____ comprare una macchina nuova!
b *(io / volere)* _____ una camera doppia, per favore.
c I signori Masini *(desiderare)* _____ comprarsi una villetta al mare.
d Mamma, mi *(aiutare)* _____ a preparare il buffet per la festa?
e Ragazzi, *(fare)* _____ bene a studiare di più per l'esame!
f A Loredana *(piacere)* _____ conoscere gente nuova.
g Scusi, *(sapere)* _____ dirmi dov'è la stazione?
h Pierpaolo, Giorgio, *(avere)* _____ tempo domani di fare una partita a calcio?

4. Vervollständigen Sie die Sätze mit dem passenden Verb im condizionale presente.
   dire • ~~dovere~~ • rimanere • essere • prestare • venire
   Sono ingrassata! <u>Dovrei</u> proprio fare una dieta!
a Che ne *(voi)* _____ di fare una gita domani?
b *(noi)* _____ felici di avervi a cena sabato sera.
c I miei amici _____ a dormire da me, ma i loro genitori non vogliono.
d Lia _____ a trovarci domani, ma c'è lo sciopero dei treni.
e Dario, mi _____ la macchina per un paio d'ore?

111

49 Vorrei tanto sapere . . .
Ich würde so gerne wissen . . .

Condizionale presente: Gebrauch

 Das condizionale presente wird benutzt, um folgende Sachverhalte auszudrücken:

- Wünsche
  Vorrei tanto sapere che c'è in questa zuppa.   *Ich würde so gerne wissen, was diese Suppe enthält.*
  Io preferirei non saperlo.   *Ich würde es lieber nicht wissen.*

- höfliche Bitten
  Mi passeresti il pane?   *Könntest du mir das Brot reichen?*
  Ci darebbe un passaggio?   *Würden Sie uns mitnehmen?*

- Vorschläge
  Potresti comprare una macchina nuova.   *Du könntest ein neues Auto kaufen.*
  Ti andrebbe di giocare a tennis, domenica?   *Hättest du Lust, am Sonntag Tennis zu spielen?*

- Ratschläge
  Al posto Suo andrei dal medico.   *An Ihrer Stelle würde ich zum Arzt gehen.*
  Dovresti studiare di più.   *Du solltest mehr lernen.*

- Möglichkeiten bzw. Wahrscheinlichkeit
  Oggi potrei aiutarti, se vuoi.   *Heute könnte ich dir helfen, wenn du willst.*
  Forse Matteo mi presterebbe la sua tenda.   *Matteo würde mir vielleicht sein Zelt leihen.*

Condizionale presente: Gebrauch 49

1. Schreiben Sie die Sätze um, indem Sie das condizionale presente verwenden.

Monica vuole imparare lo spagnolo.   *Monica vorrebbe imparare lo spagnolo.*

a Simona, devi cercare di stare più attenta! _____

b Mi aiutate a portare questa cassa in cantina? _____

c Domani faccio un giro in centro. _____

d Preferiamo prendere solo un secondo. _____

e Le dispiace aprire la porta? _____

f Non dovete correre tanto con la moto! _____

2. Setzen Sie die Verben in das condizionale presente.

a Beh, se non è a casa, *(tu / potere)* _____ provare a chiamarla sul cellulare.

b Pensi che Milena e Cinzia *(iscriversi)* _____ in palestra con noi?

c A loro *(piacere)* _____ molto fare un corso di tango.

d Ci *(Lei / potere)* _____ portare il conto?

e Al posto tuo gli *(io / dire)* _____ apertamente che non sei d'accordo.

f Scusate, mi *(dare)* _____ una mano? Da solo non ce la faccio!

g Amore, lo sai, senza te *(sentirsi)* _____ inutile!

h Stasera *(noi / guardare)* _____ volentieri il festival di Sanremo, ma il televisore è rotto.

3. Vervollständigen Sie die Sätze mit den angegebenen Verben im condizionale presente.

vivere   fare   dovere   lavorare   ~~volere~~   piacere   preparare   accendere

(io) *Vorrei* vedere quella giacca di pelle in vetrina.

a Pisa è una città molto carina. Fabio e Teresa ci _____ volentieri.

b _____ gli spaghetti alla carbonara, ma non abbiamo più uova.

c Mamma mia, sei sempre davanti al computer! _____ uscire, vedere gente . . .

d Sono stressata! – Al posto tuo _____ di meno.

e Ho un terribile mal di schiena! – Dei massaggi ti _____ bene.

f Che freddo! *(tu)* _____ il riscaldamento, per favore?

g Nina è simpatica. Mi _____ invitarla a cena.

4. Übersetzen Sie folgende Sätze.

a Würdest du mir die Flasche reichen? _____

b Könnten Sie bitte das Fenster schließen? _____

c Du solltest einen neuen Job suchen. _____

d Ich würde dich gerne besuchen. _____

e Meine Kinder sollten zur Mittagszeit zurückkommen. _____

f Ich würde gerne eine Reise machen. _____

50 Gli sarebbe piaciuto frequentare l'Accademia di Belle Arti.
Er hätte gern die Kunstakademie besucht.

Condizionale passato

Das condizionale passato ist die Möglichkeitsform der Vergangenheit.
Es wird gebraucht, um
- einen nicht erfüllten Wunsch zu formulieren;
    Gli **sarebbe piaciuto** frequentare l'Accademia di Belle Arti.
    Er hätte gern die Kunstakademie besucht.
- eine Handlung auszudrücken, die in der Vergangenheit unter anderen Umständen geschehen wäre;
    Saremmo andati al vernissage, ma dovevamo lavorare.
    Wir wären zur Vernissage gegangen, aber wir mussten arbeiten.
- einen auf die Vergangenheit bezogenen Ratschlag höflich wiederzugeben.
    Avresti dovuto raccontare la verità subito.   *Du hättest die Wahrheit sofort erzählen sollen.*

Formen

Das condizionale passato ist eine zusammengesetzte Zeitform. Es wird aus den Formen des condizionale presente von avere und essere und dem Partizip Perfekt (→ Kap. 33, 34) des Hauptverbs gebildet, z. B. avrei parlato *(ich hätte gesprochen)*, sarei partito *(ich wäre abgefahren)*.

condizionale presente von avere		Partizip Perfekt	condizionale presente von essere		Partizip Perfekt
(io)	avrei		(io)	sarei	
(tu)	avresti		(tu)	saresti	partito/-a
(lui, lei, Lei)	avrebbe		(lui, lei, Lei)	sarebbe	
(noi)	avremmo	parlato	(noi)	saremmo	
(voi)	avreste		(voi)	sareste	partiti/-e
(loro)	avrebbero		(loro)	sarebbero	

Condizionale passato 50

1. Wandeln Sie die Sätze um. Folgen Sie dem Beispiel.

Mi iscriverei volentieri in palestra.　　　　　*Mi sarei iscritto volentieri in palestra.*

a　Potremmo andare insieme dal parrucchiere.　_____

b　Mi piacerebbe partecipare a un concorso　_____
　　di bellezza.　_____

c　Oggi mangerei volentieri le penne al salmone.　_____
　　_____

d　Due miei amici vorrebbero fare il giro del　_____
　　mondo.　_____

e　Cambiando lavoro faresti carriera.　_____

f　Dovreste essere più gentili con Marina!　_____

2. Vervollständigen Sie die Minidialoge mit den Verben im condizionale passato und mit den rechts stehenden Angaben.

Perché non hai ancora letto il libro che ti ho regalato?　　　~~non ho avuto tempo~~

(volere) L'*avrei voluto* leggere, ma *non ho avuto tempo.*

a　Allora, siete stati a Venezia?　　　　non me lo hai detto

　　Ci *(andare)* _____ , ma non abbiamo trovato _____ !

b　Signora, ha chiamato la dottoressa Pascali?　　　ti stava benissimo

　　(fare) L' _____ , ma il telefono _____ .

c　Sai, il cappotto non l'ho più comprato.　　　era rotto

　　Peccato! *(potere)* L' _____ comprare, _____ !

d　Ce l'ho fatta! Ho pitturato tutto l'appartamento.

　　Perché _____ ? Ti *(aiutare)* _____ .　　nemmeno una camera libera

3. Condizionale presente (→ Kap. 48, 49) oder passato? Ergänzen Sie mit der richtigen Zeitform.

a　Purtroppo domani non posso, altrimenti la *(portare)* _____ io la macchina
　　dal meccanico.

b　Perché non siete venuti alla festa? *(divertirsi)* _____ !

c　Al tuo posto glielo *(dire)* _____ che non vuoi uscire con lui.

d　Mia sorella ha dieci anni: da grande *(volere)* _____ fare l'attrice!

e　*(noi / potere)* _____ passare una settimana in montagna. Che ne dite?

f　Peccato che non hai accettato quel lavoro. *(tu / guadagnare)* _____
　　un sacco di soldi!

g　Non *(tu / dovere)* _____ bere tutto quel caffè, per questo stanotte
　　non hai dormito.

h　Mi *(piacere)* _____ venirti a trovare. Quando hai tempo?

115

51 Chiudi la finestra!
Schließe das Fenster!

Imperativ (tu, Lei, voi)

REGEL Der Imperativ wird benutzt, um Befehle oder Ratschläge zu erteilen.
Chiudi la finestra!
  Schließe das Fenster!
Ho mal di testa. –
Prenda un'aspirina.
  Ich habe Kopfschmerzen. – Nehmen Sie ein Aspirin.
Andate via!
  Geht / Gehen Sie weg!

➡ Regelmäßige Verben

	-are	-ere	-ire	-ire (-isc-)
	scusare	chiudere	aprire	pulire
	entschuldigen	*schließen*	*öffnen*	*putzen*
(tu)	scusa	chiudi	apri	pulisci
(Lei)	scusi	chiuda	apra	pulisca
(voi)	scusate	chiudete	aprite	pulite

- Die Subjektpronomen (tu, Lei, voi) werden im Imperativ weggelassen.
- Identisch mit dem Präsens Indikativ sind: die du-Form (tu) der Verben auf -ere und -ire und die ihr-Form (voi) der Verben auf -are, -ere und -ire.
- Die Verben auf -ire mit Stammerweiterung auf -isc- behalten bei den tu- und Lei-Formen die Erweiterung -isc- bei.
- Die Sie-Form (Lei) der Verben auf -are, -ere und -ire stammt aus dem congiuntivo presente (→ Kap. 57).

➡ Unregelmäßige Verben
Die Verben, die im Präsens Indikativ unregelmäßig sind, haben Unregelmäßigkeiten auch im Imperativ. Hier sind die wichtigsten aufgelistet.

	andare	avere	bere	dare	dire	essere	fare	stare	uscire	venire
	gehen	*haben*	*trinken*	*geben*	*sagen*	*sein*	*tun, machen*	*liegen*	*ausgehen*	*kommen*
(tu)	va' / vai	abbi	bevi	da' / dai	di'	sii	fa' / fai	sta' / stai	esci	vieni
(Lei)	vada	abbia	beva	dia	dica	sia	faccia	stia	esca	venga
(voi)	andate	abbiate	bevete	date	dite	siate	fate	state	uscite	venite

! Die Verben andare, dare, fare und stare haben in der 2. Person Singular zwei Formen.

Imperativ (tu, Lei, voi) 51

1. Ordnen Sie die Verbformen dem passenden Feld zu.

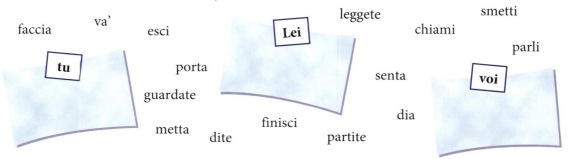

2. Setzen Sie die Verben in den Imperativ.
   a Scusi, *(essere)* _____ gentile! Mi dà una mano a parcheggiare l'auto?
   b Signora, *(spedire)* _____ questi documenti, per favore.
   c Giacomo, *(stare)* _____ attento. Ti potresti fare male.
   d Teresa, *(chiudere)* _____ la porta a chiave quando esci.
   e Nino, *(cominciare)* _____ a prepararti. Tra poco usciamo.
   f Gianni, Anna, *(prendere)* _____ una fetta di torta. È buonissima!

3. Wandeln Sie die Sätze um, indem Sie die Verben in den Imperativ (tu, Lei oder voi) setzen.
   Dovresti mangiare cose leggere!   *Mangia cose leggere!*
   a Dovresti fare un bel viaggio!   _____
   b Dovrebbe avere un po' di pazienza! _____
   c Dovreste stare zitti!   _____
   d Dovrebbe venire più spesso!   _____
   e Dovresti scrivere una lettera a tua nonna! _____

4. Suchen Sie die passende Reaktion zu folgenden Aussagen und setzen Sie die Verben in den Imperativ (tu, Lei oder voi).
   Mamma, domani ho il compito in classe di matematica!
   Allora *studia tutto il pomeriggio!*
   a Scusi, avrei bisogno di un medico.
   _____
   b Oddio, signora, sono stanchissimo! Tra poco mi addormento.
   Beh, _____
   c Manuela, aiuto! Sono ingrassata di dieci chili!
   Allora, _____
   d Non abbiamo ancora pensato al regalo per la festa del papà.
   Beh, _____
   e Uffa! Stiamo sempre in casa a guardare la TV!
   _____

   - uscire con degli amici
   - ~~studiare tutto il pomeriggio~~
   - chiedere nella farmacia lì all'angolo
   - andare dal dietologo
   - comprare l'ultimo CD di Adriano Celentano
   - bere un bel caffè forte forte

117

52 Fammi chiamare il tecnico!
Lass mich den Fachmann anrufen!

Stellung der Pronomen beim Imperativ

Der Imperativ wird sehr oft in Verbindung mit Reflexivpronomen (mi, ti, si etc.), unbetonten Objektpronomen (mi, ti, gli etc.), zusammengesetzten Pronomen (me lo, te lo, glielo etc.) sowie mit den Pronominaladverbien ci und ne benutzt. Meistens werden diese Pronomen direkt an den Imperativ angehängt. Folgende Regeln sollten Sie beachten:

 du-Form (tu)
Wenn man sich an eine Person wendet, die man duzt, werden die Pronomen und die Pronominaladverbien ci und ne an die Imperativform angehängt.
Accomoda**ti**!   *Nimm bitte Platz!*
Manda**le** una cartolina da Vienna.   *Schick ihr eine Postkarte aus Wien.*
Spiega**celo**, per favore!   *Erklär es uns, bitte!*
Roma è una città unica. Torna**ci**!   *Rom ist eine einzigartige Stadt. Fahr wieder hin!*
Parla**ne** con tuo padre.   *Sprich mit deinem Vater darüber.*

Bei den einsilbigen Imperativformen (z. B. da', di', fa') verdoppelt sich der Konsonant des Pronomens. Gleiches gilt für ci bzw. ne. Diese Regel gilt nicht für das Pronomen gli.
Fammi chiamare il tecnico.   *Lass mich den Fachmann anrufen.*
Avanti, **dimmelo**.   *Los, sag es mir.*
Vacci, se vuoi.   *Geh dorthin, wenn du willst.*
aber Di**gli** la verità.   *Sag ihm die Wahrheit.*

 Sie-Form (Lei)
Bei der Höflichkeitsform im Singular stehen die Pronomen und die Pronominaladverbien ci und ne als eigene Wörter vor der Imperativform.
Prego, **si** accomodi!   *Nehmen Sie bitte Platz!*
Glielo dica!   *Sagen Sie es ihm!*
Ne prenda pure una fetta.   *Nehmen Sie doch ein Stück (davon).*

 ihr-Form (voi)
Wenn man sich an eine Mehrzahl von Personen wendet (auch in der Höflichkeitsform), werden die Pronomen und die Pronominaladverbien ci und ne an die Imperativform angehängt.
Prego, accomoda**tevi**!   *Nehmt / Nehmen Sie bitte Platz!*
Mandate**le** una cartolina da Vienna.   *Schickt ihr eine Postkarte aus Wien.*
Roma è una città unica. Tornate**ci**!   *Rom ist eine einzigartige Stadt. Fahrt wieder hin!*

Stellung der Pronomen beim Imperativ 52

1. Verbinden Sie die Dialogteile.

a Allora, ci andiamo alla fiera?

b Domani mattina hai l'esame?

c Ciao, Pina!

d Il prosciutto, lo vuole?

e Devo telefonare al dottor Fini?

f Lorenzo lo sa che stasera giochiamo a carte?

1 No, gli mandi un'e-mail.

2 Diteglielo voi.

3 Sì! Anzi, svegliami presto, per piacere.

4 Che sorpresa! Prego, accomodati.

5 Sì, certo. Me ne dia due etti, per favore.

6 Vacci tu. Io non ho tempo.

2. Ersetzen Sie die unterstrichenen Satzteile mit den passenden Pronomen. Verbinden Sie sie falls nötig mit der Imperativform.

Di' a Rosa che l'ami.   *Dille che l'ami.*

a Leggi questo libro. È molto interessante.   _____

b Compra due chili di patate.   _____

c Faccia la fila come gli altri!   _____

d A Natale recitate la poesia ai vostri genitori. _____

e Vada all'ufficio postale, se può.   _____

f Da' una mano a tua madre.   _____

g Aiutate i bambini a fare i compiti.   _____

3. Ergänzen Sie die Sätze mit den Verben im Imperativ und mit den passenden Pronomen.

a Caro, *(ricordarsi)* _____ di comprare i fiori per tua madre.

b Se vuoi andare al concerto, *(andare)* _____ pure. Io non ne ho voglia.

c Regaliamo una borsa alla nonna? – *(regalare)* _____ voi. Io le compro un'altra cosa.

d Carla, hai preso già la posta? – *(prendere)* _____ tu. Io devo cucinare.

e Quante volte vi devo dire che la TV a quest'ora non si vede?
   (spegnere) _____ !

f Può spiegare al tecnico quello che deve fare? – No, guardi, *(spiegare)* _____ Lei.

g Avanti, bambini, *(lavarsi)* _____ le mani. Si mangia.

4. Vervollständigen Sie die Sätze mit dem passenden Verb im Imperativ und mit den richtigen Pronomen.

bere	pulirsi	affettare	restituire	~~dare~~	venire

Non ti sopporto più! Dove hai nascosto le chiavi? Avanti, *dammele!*

a Non lo so se vengo alla gita di classe. – Dai, _____ ! Ci divertiamo.

b Quanta mortadella vuole? – _____ tre etti, per cortesia.

c Signora, posso avere un altro po' di vino? – Prego. _____ pure tutto.

d Vi abbiamo prestato la telecamera un mese fa. Adesso ci serve. _____ per favore.

e Bambini, _____ le scarpe prima di entrare. Ho appena lavato il pavimento.

119

53 Non essere pessimista!
Sei nicht pessimistisch!

Verneinter Imperativ (tu, Lei, voi)

 Fordert man jemanden auf, etwas nicht zu tun, dann verwendet man im Italienischen so wie im Deutschen den verneinten Imperativ.
Für die Bildung des verneinten Imperativs gelten folgende Regeln:

 Bei der **du-Form** (tu) wird die Verneinung des Imperativs mit non + Infinitiv gebildet.
Non essere pessimista!
  Sei nicht pessimistisch!

Die Reflexivpronomen, die unbetonten Objektpronomen sowie ci und ne können entweder vor der Infinitivform stehen oder an die Infinitivform angehängt werden. Dabei entfällt das -e der Infinitivendung.
Non **ti** muovere! / Non muover**ti**!   *Bewege dich nicht!*

 Bei der **Sie-Form** (Lei) wird die Verneinung mit non + Imperativ gebildet.
Non beva troppi alcolici!   *Trinken Sie nicht zu viele alkoholische Getränke!*

Die Reflexivpronomen, die unbetonten Objektpronomen sowie ci und ne stehen zwischen non und der Imperativform.
Non **gli** dica niente!   *Sagen Sie ihm nichts!*

 Bei der **ihr-Form** (voi) wird die Verneinung ebenfalls mit non + Imperativ gebildet.
Non lavorate troppo!   *Arbeitet / Arbeiten Sie nicht zu viel!*

Die Reflexivpronomen, die unbetonten Objektpronomen sowie ci und ne können zwischen non und der Imperativform stehen oder an die Imperativform angehängt werden.
Non **ci** andate! / Non andate**ci**!   *Geht / Gehen Sie nicht dorthin!*

Verneinter Imperativ (tu, Lei, voi) 53

1. Vervollständigen Sie folgende Tabelle.

tu	Lei	voi
Non ti preoccupare!	_____	_____
_____	_____	Non dite bugie!
_____	Non spenda troppo!	_____
_____	_____	Non alzatevi tardi!
Non avere fretta!	_____	_____
_____	Non gli dia niente!	_____

2. Setzen Sie die Verben in den verneinten Imperativ. Falls nötig benutzen Sie auch das passende Pronomen.

a Ragazzi, *(partire)* _____ il primo agosto. C'è un traffico terribile!

b Signori, *(alzarsi)* _____ , non è necessario.

c Su, Robertino, *(fare)* _____ i capricci! Adesso devi andare a dormire.

d Tina, *(essere)* _____ maleducata! Questa non è casa tua.

e Rita, sabato vado a vedere la mostra! – No, *(andarci)* _____ , è orribile!

f Ingegnere, buonasera! Lunedì *(venire)* _____ , l'incontro è stato spostato.

3. Wandeln Sie die Sätze um, indem Sie die Verben in den verneinten Imperativ (tu, Lei oder voi) setzen.

Non dovresti mangiare tanti dolci!   *Non mangiare tanti dolci!*

a Non dovresti parlare mentre mangi! _____

b Non dovrebbe dire sempre quello che pensa! _____

c Non dovreste uscire ogni sera! _____

d Non dovrebbe dare troppo di mancia! _____

e Non dovresti scrivere sui muri! _____

4. Suchen Sie die passende Reaktion zu folgenden Aussagen und setzen Sie die Verben in den verneinten Imperativ (tu, Lei oder voi). Falls nötig fügen Sie auch das passende Pronomen ein.

Dottore, ho la febbre alta!

Non vada a lavorare domani!   ~~non andare a lavorare domani~~

a Mamma, mi fanno male gli occhi!   non dire niente

_____

b Abbiamo scoperto che la moglie di Vittorio lo tradisce!   non perdere tempo

_____

c Giorgio, ho sempre mal di schiena!   non sollevare cose troppo pesanti

_____

d Direttore, c'è un sacco di lavoro oggi!   non stare troppe ore davanti al computer

Allora, _____

121

TEST 4

Kapitel 43–53

Wählen Sie die richtige Form.

imperfetto und passato prossimo

1. Da piccola Anna non . . . mai
   la televisione.
   a) vedevo
   b) vedeva

2. Prima (noi) . . . delle lunghe passeggiate
   in montagna.
   a) facevano
   b) facevamo

3. Al matrimonio di mio figlio . . .
   un abito lungo.
   a) portavo
   b) ho portato

4. Nel 2009 (loro) . . . il giro del mondo.
   a) facevano
   b) hanno fatto

5. Mentre lavavo i vetri, . . .
   a) è arrivata una visita.
   b) arrivava una visita.

6. Allora, . . . i genitori della tua ragazza?
   a) hai conosciuto
   b) conoscevi

7. . . . dirtelo ma non ho avuto il coraggio.
   a) Volevo
   b) Ho voluto

8. . . . che Massimo si è trasferito?
   a) Lo avete saputo
   b) Lo sapevate

che und cui

9. La ragazza a . . . scrivo viene da Lisbona.
   a) che
   b) cui

10. Oggi arrivano le mie cugine . . . vivono a
    Bari.
    a) che
    b) cui

11. Ho degli amici su . . . posso sempre
    contare.
    a) che
    b) cui

trapassato prossimo

12. . . . pensato di uscire ma poi mi è venuto
    un terribile mal di testa.
    a) Ero
    b) Avevo

13. La festa . . . quando siamo arrivati.
    a) è già finita
    b) era già finita

14. . . . i biglietti per la partita ma poi non ci
    sono potuto andare.
    a) Avevo comprato
    b) Ho comprato

condizionale presente und
condizionale passato

15. Carlo, mi . . . a preparare il pranzo?
    a) aiuteresti
    b) aiuterebbe

16. Io non . . . mai in campagna!
    a) vivreste
    b) vivrei

17. Scusi, ci . . . un'informazione?
    a) daresti
    b) darebbe

18. I bambini . . . andare a letto alle otto!
    a) dovremmo
    b) dovrebbero

19. Attraverso un agente immobiliare . . . tro-
    vato subito un appartamento.
    a) avreste
    b) sareste

20. . . . Gianna, ma lei era innamorata del mio migliore amico!
   a) Sposerei
   b) Avrei sposato

21. Purtroppo avevamo un impegno, altrimenti . . .
   a) saremmo venuti a vedere la gara.
   b) verremmo a vedere la gara.

Imperativ

22. . . . , mi potrebbe aiutare?
   a) Scusa
   b) Scusi

23. Ragazzi, adesso . . . zitti!
   a) stai
   b) state

24. Lorenzo, per piacere, . . . la finestra.
   a) apri
   b) apra

25. Hai comprato la frutta? - . . . tu, per cortesia.
   a) Comprala
   b) La compri

26. Prego, signori, . . . !
   a) servitevi
   b) vi servite

27. Papà, posso andare a dormire da Marco? – Certo . . . pure.
   a) vacci
   b) ci va

28. Fabio, . . . bibite troppo fredde!
   a) non bevi
   b) non bere

29. Attento! . . . sedere, la sedia è rotta.
   a) Ti non
   b) Non ti

30. Signor Balla, . . . niente per favore.
   a) non dica
   b) non dire

Vergleichen Sie nun Ihre Lösungen mit dem Schlüssel auf S. 158. Wenn Sie Aufgaben nicht richtig gelöst haben, wiederholen Sie noch einmal das betreffende Kapitel. Diese Tabelle zeigt Ihnen, auf welches Kapitel sich die einzelnen Aufgaben beziehen.

Aufgabe	Kapitel	Aufgabe	Kapitel	Aufgabe	Kapitel	Aufgabe	Kapitel	Aufgabe	Kapitel
1	43	7	45	13	47	19	50	25	52
2	43	8	45	14	47	20	50	26	52
3	44	9	46	15	48/49	21	50	27	52
4	44	10	46	16	48/49	22	51	28	53
5	44	11	46	17	48/49	23	51	29	53
6	45	12	47	18	48/49	24	51	30	53

54 Saranno delle vacanze stupende!
Es wird ein toller Urlaub werden!

Futuro semplice

Um über die Zukunft zu sprechen oder um Vermutungen auszudrücken, wird im Italienischen die Zeitform des futuro semplice benutzt.
Saranno delle vacanze stupende!
Es wird ein toller Urlaub werden!
Quanti anni **avrà** Rosaria?
Wie alt wird Rosaria sein?

 Die Formen des futuro semplice werden vom Infinitiv des entsprechenden Verbs abgeleitet. Dabei wird die Infinitivendung um den letzten Vokal verkürzt und es werden die Endungen des futuro semplice (-ò, -ai, -à, -emo, -ete, -anno) angehängt: scrivere ➡ scriver-ò *(ich werde schreiben)*.

➡ Regelmäßige Verben

	guardare *sehen*	**scrivere** *schreiben*	**preferire** *bevorzugen*
(io)	guarderò	scriverò	preferirò
(tu)	guarderai	scriverai	preferirai
(lui, lei, Lei)	guarderà	scriverà	preferirà
(noi)	guarderemo	scriveremo	preferiremo
(voi)	guarderete	scriverete	preferirete
(loro)	guarderanno	scriveranno	preferiranno

- Bei den Verben der ersten Konjugation (-are) ändert sich das -a der Infinitivendung zu einem -e: guardare ➡ guarder-ò *(ich werde sehen)*. Ausnahmen sind dare ➡ dar-ò *(ich werde geben)*, fare ➡ far-ò *(ich werde machen)*, stare ➡ star-ò *(ich werde bleiben)*.
- Bei den Verben mit Infinitivendung auf -care und -gare wird zur Beibehaltung des ursprünglichen Lautes ein h zwischen dem Verbstamm und der Endung eingefügt: cercare ➡ cercher-ò *(ich werde suchen)*, pagare ➡ pagher-ò *(ich werde bezahlen)*.
- Die Verben mit Endung auf -giare und -ciare verlieren das i ihres Stammes: mangiare ➡ manger-ò *(ich werde essen)*, baciare ➡ bacer-ò *(ich werde küssen)*.

➡ Unregelmäßige Verben
Bei unregelmäßigen Verben ändert sich der Verbstamm, während die Endungen des futuro semplice erhalten bleiben. Hier eine Liste einiger unregelmäßiger Verben (→ Anhang):

andare ➡ andrò, ... *(ich werde gehen)* potere ➡ potrò, ... *(ich werde können)*
avere ➡ avrò, ... *(ich werde haben)* sapere ➡ saprò, ... *(ich werde wissen)*
dovere ➡ dovrò, ... *(ich werde müssen)* venire ➡ verrò, ... *(ich werde kommen)*
essere ➡ sarò, ... *(ich werde sein)* volere ➡ vorrò, ... *(ich werde wollen)*

Futuro semplice 54

**1. Ordnen Sie die Verbformen dem passenden Feld zu. Schreiben Sie auch jeweils,
um welche Person es sich handelt.**

regelmäßige Verben
loro arriveranno

arriveranno   sarà   berrai

partiremo   avrò   riderete

potremo   vorrete   giocherò

leggerai   sapranno   capirai

unregelmäßige Verben

2. Wandeln Sie die Sätze in den Plural bzw. Singular um.

(io) Farò un bel viaggio in Australia.   *(noi)* _Faremo un bel viaggio in Australia._

a Ci costruiremo una casa in campagna.

b Dove andrai la prossima estate?

c Preferirà sicuramente pernottare in albergo.

d Rimarrò solo una notte.

e A che ora arriverete?

f Trascorreranno due mesi al mare.

g Non verrà mai più.

3. Setzen Sie die Sätze in die Zukunftsform.

Finalmente posso sostenere l'esame di guida.   _Finalmente potrò sostenere l'esame di guida._

a Per chi votate alle elezioni?

b Quando ti firmano il contratto?

c Ti diamo una mano.

d Quanti anni ha la professoressa di latino?

e Cerco di fare il possibile per aiutarti.

f Dove sono i bambini?

g Quando finisci l'università?

4. Ergänzen Sie die Sätze mit den Verben in der Zukunftsform.

a Non *(io / bere)* _____ mai più il liquore all'anice. Ha un sapore orribile!

b Prima o poi Cecilia *(stancarsi)* _____ di Attilio e *(fidanzarsi)*
   _____ con un altro.

c Mamma mia, ragazzi, quando *(cominciare)* _____ a comportarvi da adulti?

d Vuoi lasciare l'università? E che *(dire)* _____ i tuoi genitori?

e Allora, Nello, quando mi *(dare)* _____ la risposta definitiva?

f Sono eccitatissimo! Tra una settimana *(sapere)* _____ se ho vinto la borsa di studio.

g *(noi / venire)* _____ a trovarvi al più presto.

h Mario *(diventare)* _____ un ottimo medico. Ne sono sicura.

125

55 Le avrà prese il cane.
Der Hund wird sie genommen haben.

Futuro anteriore

 Will man in der Zukunft Vorzeitigkeit ausdrücken – etwa dass eine Handlung vor einer zukünftigen Handlung stattfinden wird –, gebraucht man im Italienischen das futuro anteriore. Diese Zeitform wird auch verwendet, um eine auf die Vergangenheit bezogene Vermutung anzustellen. Das futuro anteriore entspricht dem deutschen Futur II.

Verrò a trovarti appena **avrò finito** gli esami.   Ich werde dich besuchen, sobald ich die Prüfungen abgeschlossen haben werde.

Solo dopo che **avremo rinnovato** l'appartamento, compreremo dei mobili nuovi.   Erst nachdem wir die Wohnung renoviert haben werden, werden wir neue Möbel kaufen.

Le pantofole le **avrà prese** il cane.   Die Pantoffeln wird wohl der Hund genommen haben.

Sarà già **partito** Vincenzo?   Wird Vincenzo schon abgereist sein?

 Formen

Das futuro anteriore wird aus den Formen des futuro semplice von avere und essere und dem Partizip Perfekt (→ Kap. 33, 34) des Hauptverbs gebildet.

	futuro semplice von avere	Partizip Perfekt		futuro semplice von essere	Partizip Perfekt
(io)	avrò		(io)	sarò	
(tu)	avrai		(tu)	sarai	partito/-a
(lui, lei, Lei)	avrà	preso	(lui, lei, Lei)	sarà	
(noi)	avremo		(noi)	saremo	
(voi)	avrete		(voi)	sarete	partiti/-e
(loro)	avranno		(loro)	saranno	

Futuro anteriore   55

1. Vervollständigen Sie die Sätze mit den Verben im futuro anteriore und mit den unten stehenden Angaben.

litigare con papà   capire l'errore   trovare un lavoro   frequentare un corso d'inglese comprare il computer   nevicare

Mamma è nervosa oggi! _Avrà litigato con papà._

a Appena _____ , chatterò con gente di tutto il mondo.
b Appena Titti e Pietro _____ , si sposeranno.
c Faremo un viaggio negli Stati Uniti dopo che _____ .
d Guarda, le montagne sono tutte bianche! Stanotte _____ .
e Quando Luca _____ che ha fatto, sarà troppo tardi.

2. Bilden Sie Sätze, indem Sie die Verben ins futuro anteriore und futuro semplice (→ Kap. 54) setzen. Folgen Sie dem Beispiel.

io • comprare la macchina nuova • fare un bel viaggio
Appena avrò comprato la macchina nuova, farò un bel viaggio.

a voi • completare il lavoro • avere più tempo libero
_____

b Alessandro • chiamare • io • darti la risposta
_____

c noi • andare in pensione • passare più tempo con i nostri nipotini
Quando _____

d la riunione • finire • loro • andare a cena fuori
_____

e tu • riprendersi dall'operazione • noi • potere di nuovo fare jogging insieme
_____

3. Futuro semplice oder futuro anteriore? Vervollständigen Sie die Sätze mit den Verben in der richtigen Zeitform.

a Non trovo più gli occhiali. – Li *(dimenticare)* _____ in ufficio.
b L'anno prossimo *(noi / trasferirsi)* _____ a Milano.
c Dov'è Leo? – *(essere)* _____ in camera sua a studiare.
d Dopo che *(io / cenare)* _____ , *(io / leggere)* _____
   un bel libro.
e Stamattina Carmela ha la faccia stanca. – *(dormire)* _____ poco.
f Secondo te, la moglie del direttore quanti anni *(avere)* _____ ?

56 Stiamo installando il computer nuovo.
Wir installieren gerade den neuen Computer.

Stare + Gerundium und stare per + Infinitiv

stare + Gerundium

Die Konstruktion stare + Gerundium, auch Verlaufsform genannt, beschreibt Handlungen, die in der Gegenwart gerade ablaufen, oder Vorgänge, die zu einem bestimmten Zeitpunkt in der Vergangenheit angedauert haben. Im Deutschen wird diese Konstruktion durch das Wort *gerade* in Verbindung mit dem Verb wiedergegeben.

* Reinstecken und sofort spielbereit

Zur Bildung der Verlaufsform: Präsens oder Imperfekt von stare + Gerundium

Stiamo installando il computer nuovo.   Wir installieren gerade den neuen Computer.
Cosa stai facendo?   Was machst du gerade?
Quando sono andato a trovare Rosanna, stava stirando.   Als ich Rosanna besuchte, bügelte sie gerade.
Stavano cenando quando li ho chiamati.   Sie aßen gerade zu Abend, als ich sie anrief.

Das Gerundium wird wie folgt gebildet:

-are	➡	-ando
-ere	➡	-endo
-ire	➡	-endo

Bei den Verben auf -are wird die Endung -ando an den Verbstamm angehängt: installare ➡ install**ando**.
Bei den Verben auf -ere und -ire wird die Endung -endo an den Verbstamm angehängt: scrivere ➡ scriv**endo**; aprire ➡ apr**endo**.
Unregelmäßige Formen sind: bere ➡ bevendo; dire ➡ dicendo; fare ➡ facendo.

stare per + Infinitiv

Mit der Konstruktion stare per + Infinitiv werden Handlungen beschrieben, die unmittelbar bevorstehen oder die zu einem bestimmten Zeitpunkt in der Vergangenheit unmittelbar bevorstanden. Im Deutschen kann diese Konstruktion mit dem Ausdruck *im Begriff sein, etw. zu tun* wiedergegeben werden.

Zur Bildung dieser speziellen Form: Präsens oder Imperfekt von stare per + Infinitiv

Sto per uscire.   Ich bin dabei auszugehen.
Dov'è papà? – Sta per tornare a casa.   Wo ist Vati? – Er kommt gleich nach Hause.
Stavo per uscire e invece poi ha cominciato a piovere.   Ich war dabei auszugehen, aber dann hat es angefangen zu regnen.
Stavamo per andare a letto, quando è squillato il telefono.   Wir waren dabei ins Bett zu gehen, als das Telefon läutete.

Stare + Gerundium und *stare per* + Infinitiv — 56

1. Was tut Rocco gerade? Was tut er gerade nicht? Bilden Sie passende Sätze zum Bild.

(lavorare) Rocco non sta lavorando.

a *(rilassarsi)* _____

b *(leggere il giornale)* _____

c *(ascoltare la musica)* _____

d *(bere un caffè)* _____

e *(telefonare)* _____

f *(aprire un pacco)* _____

g *(scrivere un'e-mail)* _____

2. Bilden Sie Sätze mit dem Präsens von stare per + Infinitiv. Folgen Sie dem Beispiel.

io • partire per Londra Sto per partire per Londra.

a Alberto • cominciare un nuovo lavoro _____ .

b voi • uscire _____ ?

c i miei genitori • tornare _____ .

d noi • concludere un affare importante _____ .

e io • aprire un negozio in centro _____ .

3. Wandeln Sie die Sätze mit der Verlaufsform stare + Gerundium oder der Konstruktion stare per + Infinitiv um. Folgen Sie den Beispielen.

In questo momento Ada mangia. Ada sta mangiando.

Fra poco Ada esce. Ada sta per uscire.

a In questo momento i bambini dormono. _____

b Fra poco comincia il Gran Premio. _____

c Fra poco vado dal parrucchiere. _____

d In questo momento Miriam fa la doccia. _____

e Fra pochi mesi Ida e Cesare divorziano. _____

f In questo momento andiamo a dormire. _____

4. Übersetzen Sie die deutschen Satzteile mit dem Imperfekt von stare + Gerundium oder mit dem Imperfekt von stare per + Infinitiv.

a Quando è venuta a trovarci mia madre, _____ *(Fabio und ich stritten gerade).*

b *(Ich war dabei, zu zahlen)* _____ , quando mi sono accorto che avevo dimenticato il portafoglio a casa.

c Ieri vi abbiamo visto in piazza con due ragazze! _____ *(Was tatet ihr gerade)?*

d *(Sie waren dabei, loszufahren)* _____ , ma poi il treno è rimasto due ore fermo al Brennero.

129

57 Ora è necessario che Lei alleni le gambe.
Jetzt müssen Sie Ihre Beine trainieren.

Die nächsten fünf Kapitel behandeln den Konjunktiv – il congiuntivo –, dessen Gebrauch im Italienischen stark vom Deutschen abweicht.
Es gibt vier Zeitformen des congiuntivo: presente, passato, imperfetto und trapassato.
Der Gebrauch des italienischen Konjunktivs hängt von bestimmten Auslösern ab (→ Kap. 58): z. B. è necessario.
Ora è necessario che Lei alleni le gambe.   *Jetzt müssen Sie Ihre Beine trainieren.*
   (wörtlich: *Jetzt ist es notwendig, dass Sie die Beine trainieren.*)

Congiuntivo presente: Formen

Regelmäßige Verben

	allenare *trainieren*	**scrivere** *schreiben*	**partire** *abfahren*	**capire** *verstehen*
(io)	alleni	scriva	parta	capisca
(tu)	alleni	scriva	parta	capisca
(lui, lei, Lei)	alleni	scriva	parta	capisca
(noi)	alleniamo	scriviamo	partiamo	capiamo
(voi)	alleniate	scriviate	partiate	capiate
(loro)	allenino	scrivano	partano	capiscano

Alle drei Endungsformen im Singular sind gleich. Deshalb setzt man oft das Subjektpronomen (io, tu etc.) zur Unterscheidung ein. Die Verben auf -ere und -ire haben dieselben Endungen. Die Verben auf -ire wie capire behalten auch im congiuntivo die Erweiterung -isc-.

Bei den Verben auf -care und -gare wird – zur Beibehaltung des ursprünglichen Lautes – ein h vor der Konjunktivendung hinzugefügt: giocare ➡ giochi.

Unregelmäßige Verben
Die unregelmäßigen Verben richten sich bei der Bildung des congiuntivo nach der Gegenwartsform (Präsens) des Indikativs. Der Verbstamm ändert sich, während die Endungen des congiuntivo erhalten bleiben (→ Anhang). Die Endungen sind: -a, -a, -a, -iamo, -iate, -ano (wie bei den Verben auf -ere und -ire): fare ➡ faccio (Präsens Indikativ) ➡ faccia (congiuntivo).
Hier eine Liste einiger unregelmäßiger Verben.

	io, tu, lui / lei / Lei	noi	voi	loro	
andare ➡	vada	andiamo	andiate	vadano	*gehen*
avere ➡	abbia	abbiamo	abbiate	abbiano	*haben*
essere ➡	sia	siamo	siate	siano	*sein*
fare ➡	faccia	facciamo	facciate	facciano	*machen*
venire ➡	venga	veniamo	veniate	vengano	*kommen*

Congiuntivo presente: Formen 57

1. Entscheiden Sie, ob die unten stehenden Verbformen im congiuntivo presente regelmäßig oder unregelmäßig sind. Tragen Sie sie in das passende Feld ein.

2. Vervollständigen Sie folgende Tabelle mit den fehlenden Verbformen.

	regalare	vendere	sentire
(io)			
(tu)	regali		
(lui, lei, Lei)			
(noi)			sentiamo
(voi)			
(loro)		vendano	

3. Schreiben Sie die entsprechende Infinitivform folgender Verben und entscheiden Sie, ob es sich um Indikativ Präsens (I) oder Konjunktiv (K) handelt.
   Achtung! Einige Verben können beides sein.

			I K				I K
	stai	➡ stare	✗	f	mantengono	➡	
a	produca	➡		g	offra	➡	
b	raccolgo	➡		h	dimagrisca	➡	
c	sappiamo	➡		i	dobbiamo	➡	
d	prendiate	➡		j	diate	➡	
e	piangano	➡		k	lavori	➡	

4. Vervollständigen Sie die Sätze mit den Verben im congiuntivo presente.
   a È necessario che *(io / imparare)* _____ a guidare.
   b Credo che Alessandro *(avere)* _____ un gatto siamese.
   c Abbiamo paura che nostro figlio non *(superare)* _____ l'esame.
   d I miei genitori vogliono che *(io / andare)* _____ a fare un master negli Stati Uniti.
   e Penso che Paola e Giancarlo *(soffrire)* _____ molto per la perdita del nonno.
   f Speriamo che la dottoressa Botteri *(venire)* _____ alla riunione domani.

58 Credo che Luigino attraversi una fase espressiva.
Ich glaube, Luigino durchläuft eine expressive Phase.

Congiuntivo presente: Gebrauch

Der congiuntivo presente wird verwendet um Vermutungen, Meinungen, Wahrscheinlichkeit und Wünsche auszudrücken, die sich auf Handlungen der Gegenwart oder der Zukunft beziehen. Dabei steht das Verb des Hauptsatzes im Präsens und das Verb des Nebensatzes im congiuntivo presente.

Hauptsatz		Nebensatz	
Credo	Präsens	che Luigino attraversi una fase espressiva	gegenwärtige Handlung

Ich glaube, Luigino durchläuft eine expressive Phase.

| Spero | Präsens | che domani la lettera arrivi | zukünftige Handlung |

Ich hoffe, dass der Brief morgen ankommt.

! Wenn Hauptsatz und Nebensatz das gleiche Subjekt haben, wird der congiuntivo presente durch eine Infinitivkonstruktion ersetzt.
Maria spera che (~~Maria~~) superi l'esame. ➡ Maria spera di superare l'esame.
Maria hofft, dass sie die Prüfung besteht.

Gebrauch des congiuntivo

Die Formen des congiuntivo werden vor allem in Nebensätzen verwendet, die durch das Bindewort *che (dass)* eingeleitet werden. Konjunktivauslöser sind bestimmte Verben und Wendungen, die im Hauptsatz erscheinen.
Folgende Verben und Wendungen lösen den congiuntivo aus:

- Verben der subjektiven Meinungsäußerung, z. B. credere *(glauben)*, pensare *(denken)*, supporre *(vermuten)*;
  Credo che Luisa mi ami.   *Ich glaube, Luisa liebt mich.*
- Verben, die Wunschvorstellungen und Hoffnung ausdrücken, z. B. desiderare *(wünschen)*, preferire *(vorziehen)*, sperare *(hoffen)*;
  Preferiamo che tu sappia la verità.   *Wir ziehen es vor, dass du die Wahrheit kennst.*
- Verben, die Unsicherheit ausdrücken, z. B. sembrare *(scheinen)*, non essere sicuro *(nicht sicher sein)*;
  Mi sembra che non piova più.   *Es scheint mir, dass es nicht mehr regnet.*
- bestimmte Ausdrücke mit dem Verb essere *(sein)*, die Erwartung, Wichtigkeit, Pflicht ausdrücken, z. B. è necessario *(es ist notwendig)*, è importante *(es ist wichtig)*.
  È necessario che Lei alleni le gambe.   *Es ist notwendig, dass Sie Ihre Beine trainieren.*

Congiuntivo presente: Gebrauch | 58

1. Vervollständigen Sie die Sätze mit den angegebenen Verbformen.

si trasferiscano   sappiate   si arrabbi   voglia   ritorniamo   faccia

a Ci sembra che qui nessuno _____ aiutarci.
b Ho paura che mio padre _____ , se prendo la sua macchina.
c È probabile che Teresa e Corrado _____ ad Aosta.
d Suppongo che *(voi)* _____ la verità.
e Preferisci che _____ dopo?
f Mia sorella desidera che le _____ da testimone di nozze.

2. Setzen Sie die Verben in den congiuntivo presente.

a Speriamo che Rosa *(arrivare)* _____ in orario.
b Non voglio che *(tu / frequentare)* _____ questi ragazzi!
c La mia amica pensa che *(io / dovere)* _____ vestirmi più alla moda.
d È necessario che *(noi / vendere)* _____ l'appartamento.
e Non siamo sicuri che Francesco ci *(potere)* _____ accompagnare.
f Vogliamo che *(voi / imparare)* _____ un po' d'inglese.
g Non trovi che il sugo *(essere)* _____ troppo piccante?
h Penso che Laura e Silvia *(evitare)* _____ di incontrarmi.

3. Wandeln Sie die Sätze um. Folgen Sie den Beispielen.

Secondo noi Emilio ha 50 anni.　　　　*Crediamo che Emilio abbia 50 anni.*
Secondo me supero l'esame.　　　　　*Credo di superare l'esame.*
a Secondo me mia moglie non si rilassa mai.　_____
b Secondo noi quelle due dicono solo bugie.　_____
c Secondo loro *(loro)* sono i migliori!　_____
d Secondo voi la Juve vince lo scudetto?　_____
e Secondo me voi mangiate troppi dolci!　_____
f Secondo me *(io)* non ottengo il prestito.　_____

4. Bilden Sie Sätze im congiuntivo presente.

(io) / sperare / il Milan / vincere la partita　*Spero che il Milan vinca la partita.*
a essere / utile / i miei genitori / aiutarci　_____
b (io) / sperare / il regalo / piacerti　_____
c mio padre / non volere / (io) /
   diventare un boxer　_____
d (noi) / preferire / (voi) / venire domani　_____

133

59 Penso che ti abbiano dato i biglietti sbagliati.
Ich denke, dass man dir die falschen Karten gegeben hat.

Congiuntivo passato

Der congiuntivo passato wird aus den Formen des congiuntivo presente von essere und avere und dem Partizip Perfekt des Hauptverbs gebildet, z. B. abbiano parlato *(sie haben gesprochen)*, siano partiti *(sie seien gefahren)*.

Penso che ti abbiano dato i biglietti sbagliati.

	congiuntivo presente von avere	Partizip Perfekt		congiuntivo presente von essere	Partizip Perfekt
(io)	abbia		(io)	sia	
(tu)	abbia		(tu)	sia	partito/-a
(lui, lei, Lei)	abbia		(lui, lei, Lei)	sia	
(noi)	abbiamo	parlato	(noi)	siamo	
(voi)	abbiate		(voi)	siate	partiti/-e
(loro)	abbiano		(loro)	siano	

Der congiuntivo passato wird nach den allgemeinen Prinzipien des congiuntivo (→ Kap. 58) gebraucht (Ausdruck von Vermutungen, Meinungen, Wünschen usw.). Der Hauptsatz steht in der Gegenwart und bezieht sich jedoch in diesem Fall auf vorzeitige, schon abgeschlossene Handlungen.

Hauptsatz		Nebensatz	
Penso	Präsens	che ti abbiano dato i biglietti sbagliati	vorzeitige Handlung

Ich denke, dass man dir die falschen Karten gegeben hat.

| Speriamo | Präsens | che il film non sia ancora cominciato | vorzeitige Handlung |

Hoffentlich hat der Film noch nicht angefangen.

! Haben Hauptsatz und Nebensatz das gleiche Subjekt, wird der congiuntivo passato durch eine Infinitivkonstruktion ersetzt.
(Io) Credo che (io) abbia preparato tutto. ➡ Credo di avere preparato tutto.
Ich glaube, dass ich alles vorbereitet habe.
(Noi) Temiamo che (noi) siamo arrivati troppo tardi. ➡ Temiamo di essere arrivati troppo tardi.
Wir fürchten, dass wir zu spät angekommen sind.

Congiuntivo passato 59

1. Setzen Sie die Verben in den congiuntivo passato.

a Sembra che Gianfranco (*chiudere*) _____ il suo negozio d'abbigliamento.

b Non penso che i tuoi cugini (*arrivare*) _____ già _____ .

c È bello che (*voi / festeggiare*) _____ il Natale insieme a tutti i parenti.

d Speriamo che Oscar (*riposarsi*) _____ un po'.

e Credo che il cane (*abbaiare*) _____ tutta la notte.

f Suppongo che (*tu / mangiare*) non _____ niente.

2. Wandeln Sie die Sätze um. Folgen Sie den Beispielen.

Secondo me Rita si è sbagliata.   *Credo che Rita si sia sbagliata.*

Secondo Luisa (*Luisa*) non ha capito niente.   *Luisa crede di non avere capito niente.*

a Secondo loro (*loro*) hanno perso tempo. _____

b Secondo te Mario e Bianca sono partiti? _____

c Secondo loro tu hai esagerato ieri sera. _____

d Secondo me (*io*) sono ingrassato. _____

e Secondo noi a Tina non è piaciuta la festa. _____

f Secondo me ieri tutti hanno visto la finale. _____

3. Bilden Sie Sätze im congiuntivo passato.

essere probabile / ieri / nevicare sulle Dolomiti

    È probabile che ieri abbia nevicato sulle Dolomiti.

a (noi) / essere convinti / Lello / inventare una scusa

_____

b (io) / sperare / le tue vacanze / andare bene

_____

c (io) / augurarsi / (tu) / riappacificarsi con Clelia

_____

d (loro) / pensare / (io) / riuscire a trovare una soluzione

_____

e essere possibile / nessuno / vederci

_____

4. Congiuntivo presente (→ Kap. 57) oder congiuntivo passato? Ergänzen Sie die Sätze mit der richtigen Zeitform.

a Pare che l'anno scorso Giuseppe (*ereditare*) _____ due palazzi.

b Non sono sicura che mia madre mi (*permettere*) _____ di venire in vacanza con voi.

c Grazie! È il regalo più bello che (*io / avere*) _____ mai _____ .

d Rossella ha l'aspetto triste. Credo che (*lei / perdere*) _____ il lavoro.

e Speriamo che domani il tempo (*essere*) _____ bello.

135

60 Pensavo che ti piacesse il pesce . . .
Ich dachte, du magst Fisch . . .

Congiuntivo imperfetto

Die Formen des congiuntivo imperfetto werden aus dem Infinitiv des Verbs abgeleitet. Dabei wird die Infinitivendung um die letzte Silbe verkürzt und die Endungen des congiuntivo imperfetto (-ssi, -ssi, -sse, -ssimo, -ste, -ssero) werden angehängt: scrivere ➡ scrive-ssi.

	raccontare *erzählen*	**scrivere** *schreiben*	**partire** *abfahren*
(io)	raccontassi	scrivessi	partissi
(tu)	raccontassi	scrivessi	partissi
(lui, lei, Lei)	raccontasse	scrivesse	partisse
(noi)	raccontassimo	scrivessimo	partissimo
(voi)	raccontaste	scriveste	partiste
(loro)	raccontassero	scrivessero	partissero

Im congiuntivo imperfetto gibt es wenige unregelmäßige Verben. Die Unregelmäßigkeiten betreffen den Verbstamm, die Endungen des congiuntivo imperfetto bleiben hingegen erhalten (→ Anhang): bere *(trinken)* ➡ bevessi, . . .; dare *(geben)* ➡ dessi, . . .; dire *(sagen)* ➡ dicessi, . . .; essere *(sein)* ➡ fossi, . . .; fare *(machen, tun)* ➡ facessi, . . .; stare *(bleiben)* ➡ stessi, . . .

Der congiuntivo imperfetto wird nach den allgemeinen Prinzipien des congiuntivo (→ Kap. 58) gebraucht (Ausdruck von Vermutungen, Meinungen, Wünschen usw.), wenn das Verb des Hauptsatzes in der Vergangenheit steht, und wenn die Handlungen von Haupt- und Nebensatz gleichzeitig stattfinden bzw. die Handlung im Nebensatz nachzeitig ist.

Hauptsatz	Nebensatz
Pensavo Vergangenheit	che ti piacesse il pesce gleichzeitige Handlung .

Ich dachte, du magst Fisch.

| Speravo Vergangenheit | che lui venisse più tardi nachzeitige Handlung . |

Ich hoffte, dass er später kommen würde.

! Wenn Hauptsatz und Nebensatz das gleiche Subjekt haben, wird der congiuntivo imperfetto durch eine Infinitivkonstruktion ersetzt.
(Io) Speravo che (io) ricevessi un aumento. ➡ Speravo di ricevere un aumento.
Ich hoffte, eine Gehaltserhöhung zu bekommen.

Congiuntivo imperfetto 60

1. Vervollständigen Sie die Sätze mit den angegebenen Verbformen.

> veniste   giocassero   riuscisse   bevessi   pagasse   funzionasse

a Sembrava che la polizia non _____ a trovare il colpevole.
b Mi pareva che il computer non _____ .
c Mi aspettavo che almeno voi _____ alla mia festa!
d Non sapevamo che quella ditta _____ i suoi dipendenti così bene!
e Non immaginavo che Guido e Teresa _____ con i loro bambini ogni sera.
f Danilo, non sapevo che _____ tanto!

2. Wandeln Sie die Sätze um. Folgen Sie dem Beispiel.

> Credo che Laura non sia a casa.   *Credevo che Laura non fosse a casa.*

a Abbiamo paura che Enrico sia nei guai! _____
b È importante che ne parliamo. _____
c Suppongo che tu lo sappia. _____
d Si augura che la situazione migliori. _____
e Penso che Fabio ti ami. _____
f Crediamo che vi capiscano. _____

3. Bilden Sie Sätze im congiuntivo imperfetto oder wenn nötig mit einer Infinitivkonstruktion.

> (io) / volere / (voi) / rimanere più a lungo   *Volevo che rimaneste più a lungo.*

a (noi) / sperare / (loro) / decidere di restare _____
b (lei) / non sapere / Renato /
   avere già 30 anni _____
c (io) / sperare / (io) / essere incinta _____
d (voi) / immaginare / la nostra casa /
   costare tanto _____ ?
e (lui) / temere / (lui) / fare uno sbaglio _____

4. Setzen Sie die Verben in den congiuntivo imperfetto.

a Immaginavo che lo *(tu / sapere)* _____ .
b Milena era disperata e sperava che qualcuno *(ascoltare)* l'_____ .
c Non eravamo sicuri che *(loro / potere)* _____ vederci.
d Era difficile che quel regalo gli *(piacere)* _____ .
e Speravo che mia madre mi *(insegnare)* _____ a cucire.
f Avevano paura che i genitori lo *(scoprire)* _____ .
g Ci sembrava che Alberto non *(trovarsi)* _____ bene a Milano.
h Volevamo che *(voi / venire)* _____ con noi. .

61 Pensavo che se ne fosse dimenticato.
Ich dachte, er hätte es vergessen.

Congiuntivo trapassato

 Der congiuntivo trapassato wird aus den Formen des congiuntivo imperfetto von essere und avere und dem Partizip Perfekt des Hauptverbs gebildet: z. B. **avessero** parlato *(sie hätten gesprochen)*, **fossero** partiti *(sie wären gefahren)*.

congiuntivo imperfetto von	avere	Partizip Perfekt	congiuntivo imperfetto von	essere	Partizip Perfekt
(io)	avessi		(io)	fossi	
(tu)	avessi		(tu)	fossi	partito/-a
(lui, lei, Lei)	avesse	parlato	(lui, lei, Lei)	fosse	
(noi)	avessimo		(noi)	fossimo	
(voi)	aveste		(voi)	foste	partiti/-e
(loro)	avessero		(loro)	fossero	

⇨ Der congiuntivo trapassato wird nach den allgemeinen Prinzipien des congiuntivo (→ Kap. 58) gebraucht (Ausdruck von Vermutungen, Meinungen, Wünschen usw.), wenn das Verb des Hauptsatzes in der Vergangenheit steht, und wenn die Handlung im Nebensatz vor der Handlung im Hauptsatz stattgefunden hat und abgeschlossen ist.

Hauptsatz	Nebensatz
Pensavo [Vergangenheit]	che se ne fosse dimenticato [vorzeitige Handlung].

Ich dachte, er hätte es vergessen.

Non credevo che Ernesto e Sandra avessero divorziato.
Ich wusste nicht (wörtlich: glaubte nicht), dass sich Ernesto und Sandra hatten scheiden lassen.

! Wenn Hauptsatz und Nebensatz das gleiche Subjekt haben, wird der congiuntivo trapassato durch eine Infinitivkonstruktion ersetzt.
Lui immaginava che (~~lui~~) avesse capito tutto. ➡ Lui immaginava di avere capito tutto.
Er vermutete, dass er alles verstanden hätte.
(Io) Speravo che (~~io~~) fossi dimagrito. ➡ Speravo di essere dimagrito.
Ich hoffte, dass ich abgenommen hätte.

Congiuntivo trapassato 61

1. Setzen Sie die Verben in den congiuntivo trapassato.

a La mia insegnante pensava che non *(io / studiare)* _____ .

b Non sapevo che *(voi / essere)* _____ nei Caraibi!

c Credevamo che lo *(loro / sapere)* _____ .

d Gli pareva strano che Letizia non *(chiamare)* _____ più _____ .

e Era felice che le *(loro / dare)* _____ una promozione.

f Pensavano che *(noi / uscire)* _____ già _____ .

2. Wandeln Sie die Sätze um. Folgen Sie dem Beispiel.

   Crede che io abbia mentito.   *Credeva che io avessi mentito.*

a Credo che Nino non abbia dormito a casa.   _____

b È possibile che abbia nevicato a lungo.   _____

c Spero che le mie piante siano cresciute.   _____

d Crede che *(io)* abbia letto quel libro.   _____

e Pensano che abbiamo finito.   _____

f È probabile che i prezzi siano aumentati.   _____

3. Bilden Sie Sätze im congiuntivo trapassato oder wenn nötig mit einer Infinitivkonstruktion.

   (io) / non sapere / (tu) / avere un incidente

   Non sapevo che avessi avuto un incidente.

a (io) / temere / (io) / deludere i miei genitori

  _____

b (noi) / sperare / Liliana / preparare un piatto orientale

  _____

c nessuno / immaginare / quel tipo / uccidere tante persone

  _____

d (io) / sperare / (tu) / non soffrire tanto

  _____

e Aldo / non sapere / (Aldo) / prendere una multa

  _____

4. Congiuntivo imperfetto (→ Kap. 60) oder congiuntivo trapassato? Ergänzen Sie die Sätze mit der richtigen Zeitform.

a Mio padre desiderava che *(io / fare)* _____ la carriera militare.

b Non sapevo che tua nonna *(morire)* _____ . Mi dispiace.

c Pensavamo che, ieri sera, i vicini ci *(sentire)* _____ suonare e cantare.

d Volevo solo che mi *(voi / aiutare)* _____ a riparare una sedia.

e Non immaginavo che anche al sud *(potere)* _____ piovere tanto!

f Era un peccato che, ieri, Andrea e Barbara *(dovere)* _____ rimanere a casa.

139

62 Se fossi ricco, studierei enologia.
Wenn ich reich wäre, würde ich Weinkunde studieren.

Bedingungssätze

Bedingungssätze verwendet man, um darzustellen, was unter bestimmten Umständen geschehen wird, geschehen könnte oder hätte geschehen können.
Ein Bedingungssatz besteht aus zwei Teilen, der Bedingung und ihrer Folge. Im Italienischen wird die Bedingung mit dem Wort se eingeleitet. Der se-Satz kann sowohl vorangestellt als auch nachgestellt werden.

Bedingung	Folge	Folge	Bedingung

Se fa bel tempo, vado al mare. / Vado al mare, se fa bel tempo.
Wenn das Wetter schön ist, fahre ich ans Meer. / Ich fahre ans Meer, wenn das Wetter schön ist.

Es gibt drei Typen von Bedingungssätzen, die nach folgenden Mustern gebildet werden:

Typ I se + Präsens (Indikativ) + Präsens (Indikativ) / se + futuro semplice + futuro semplice
Bedingung und Folge sind erfüllbar.
Se non vengo, ti chiamo.   *Wenn ich nicht komme, rufe ich dich an.*
Se verrai, ti divertirai.   *Wenn du kommst, wirst du dich amüsieren.*

Typ II se + congiuntivo imperfetto + condizionale presente
Bedingung und Folge sind möglich, jedoch nicht sehr wahrscheinlich.
Se fossi ricco, studierei enologia.   *Wenn ich reich wäre, würde ich Weinkunde studieren.*

Typ III se + congiuntivo trapassato + condizionale passato / se + imperfetto + imperfetto
Bedingung und Folge sind denkbar, aber nicht mehr erfüllbar.
Se avessi avuto tempo, sarei venuto. *Wenn ich Zeit gehabt hätte, wäre ich gekommen.*
Se lo sapevo, te lo dicevo. (Diese Konstruktion wird nur in der gesprochenen Sprache verwendet.)   *Wenn ich das gewusst hätte, hätte ich es dir gesagt.*

Bedingungssätze   62

1. Vervollständigen Sie die Sätze mit den angegebenen Verbformen.

decidiamo	regaleremo	dicevi	saremmo venuti	tagliassi	potremmo

a Se ti _____ i capelli, sembreresti più giovane.

b Se _____ di andare al cinema, te lo facciamo sapere.

c Se ci aveste avvertito, _____ a prendervi alla stazione.

d Se farai il bravo, a Natale ti _____ il cellulare.

e Se me lo _____ , ti aiutavo.

f Se non fosse già tardi, _____ fare una partita a carte.

2. Wandeln Sie die Sätze um. Folgen Sie dem Beispiel.

Se non piove, vado in piscina. → *Se non piovesse, andrei in piscina.*

a Se abbiamo tempo, ci iscriviamo a un corso di cucina.

_____

b Se Cinzia si sposa con Mario, suo fratello deve cambiare casa.

_____

c Se ho un aumento, compro un'auto nuova.

_____

d Se trovano i biglietti, vanno a vedere la partita.

_____

3. Wandeln Sie die Sätze um. Folgen Sie dem Beispiel.

Se partissi prima, arriverei in tempo. → *Se fossi partito prima, sarei arrivato in tempo.*

a Se *(io)* vincessi il primo premio della lotteria, smetterei di lavorare.

_____

b Se *(tu)* mangiassi di meno, ti sentiresti meglio.

_____

c Se Liana trovasse un monolocale, accetterebbe quel lavoro.

_____

d Se invitaste anche Maurizio, sarebbe meglio!

_____

4. Ergänzen Sie die Sätze mit der richtigen Zeitform.

a Se i bambini leggessero di più, *(avere)* _____ più fantasia.

b Se domani fa caldo, *(noi / andare)* _____ al mare?

c Se le *(tu / dire)* _____ la verità subito, non si sarebbe arrabbiata tanto.

d Se *(tu / smettere)* _____ di fumare, ti passerebbe la tosse!

e Se mi avvisavate, la *(fare)* _____ io la spesa.

f Se sarò promosso, *(io / potere)* _____ andare in vacanza con i miei amici!

141

63 Lo stavo riempiendo quando è squillato il telefono.
Ich füllte sie gerade auf, als das Telefon klingelte.

Konjunktionen

 Konjunktionen (Bindewörter) dienen dazu, zwei oder mehrere Sätze oder Satzteile miteinander zu verbinden.
In diesem Kapitel sind die wichtigsten italienischen Konjunktionen aufgelistet.

➡ Nach folgenden Konjunktionen wird der Indikativ (presente, passato prossimo, imperfetto, trapassato prossimo oder futuro) verwendet.

e / ed (vor dem Vokal e) *und*	Ho un cane e un gatto.	*Ich habe einen Hund und eine Katze.*
o / oppure *oder*	Mangiamo carne o pesce?	*Essen wir Fleisch oder Fisch?*
anche / pure *auch*	Veniamo anche noi!	*Wir kommen auch mit!*
ma / però *aber*	Vengo a trovarti, ma rimango poco.	*Ich besuche dich, bleibe aber nicht lange.*
quindi / perciò *also / deshalb*	C'era molto traffico perciò siamo arrivati tardi.	*Es war viel Verkehr, deshalb sind wir zu spät angekommen.*
sia ... sia / che *sowohl ... als auch*	Mi piace sia la carne che il pesce.	*Ich mag sowohl Fleisch als auch Fisch.*
mentre *während*	Mentre il professore parlava, mi sono addormentato.	*Während der Lehrer sprach, bin ich eingeschlafen.*
quando *wenn / als*	Lo stavo riempiendo quando è squillato il telefono.	*Ich füllte sie gerade auf, als das Telefon klingelte.*
appena *sobald*	Appena arrivi, chiamami.	*Ruf mich an, sobald du ankommst.*
siccome / dato che *da*	Dato che è ancora presto, possiamo vederci un film.	*Da es noch früh ist, können wir uns einen Film anschauen.*
perché *weil*	Oggi non lavoro perché sono malato.	*Heute arbeite ich nicht, weil ich krank bin.*

 Nach folgenden Konjunktionen muss man hingegen den congiuntivo (→ Kap. 57-61) verwenden.

sebbene / nonostante *obwohl*	Sebbene fosse in ritardo, lo hanno fatto entrare.	*Obwohl er sich verspätet hatte, haben sie ihn hereingelassen.*
affinché *damit*	Lo dico affinché tu lo sappia.	*Ich sage es, damit du es weißt.*
prima che *bevor*	Torniamo a casa prima che inizi a piovere.	*Lass uns heimgehen, bevor es anfängt zu regnen.*

Konjunktionen 63

1. Kreuzen Sie die richtige Konjunktion an.

a Vogliamo uscire . . . preferisci rimanere a casa?
- [ ] ma
- [ ] oppure

b Le mie sorelle si chiamano Beatrice . . . Rossana.
- [ ] anche
- [x] e

c . . . finisci l'esame, avvisami.
- [ ] Appena
- [ ] Perché

d Adoro sia la pittura . . . la scultura.
- [ ] che
- [x] e

e . . . studio, ascolto la musica.
- [ ] Siccome
- [ ] Mentre

f Michele è intelligente e . . . carino.
- [x] pure
- [ ] quindi

2. Bringen Sie die Satzteile in die richtige Reihenfolge.

a ~~stavamo~~   la TV,   è andata via   quando   guardando   la luce
Stavamo _____ .

b e un po'   ~~ieri sera~~   una minestra   ho mangiato   di formaggio
Ieri sera _____ .

c sia   mi sento   in vacanza,   stressato   ~~nonostante~~
Nonostante _____ !

d tutto in ordine   arrivino   prima che   ~~mettiamo~~   gli ospiti
Mettiamo _____ .

e e anche   hai   ~~la moto~~   la macchina
_____ *la moto* _____ ?

f ho comprato   perciò   un panino   ~~avevo fame~~   con la mortadella
Avevo fame _____ .

3. Setzen Sie die passende Konjunktion ein.

mentre   siccome   appena   sebbene   affinché   però   perché   sia

a Ve lo ripeto _____ lo ricordiate.
b Beh, _____ insisti tanto, accetto l'invito!
c Gemma e Salvo si sono lasciati _____ lei si è innamorata di un altro.
d _____ arriva l'estate, voglio andare in vacanza.
e Sara è una bella ragazza, _____ è proprio noiosa!
f _____ Teresa cuciva, Giulio leggeva il giornale.
g Paolo ha sempre l'aspetto infelice, _____ abbia un buon lavoro.
h Mi piacciono _____ le gonne sia i pantaloni.

143

64 Noi non siamo stati invitati.
Wir sind nicht eingeladen worden.

* Wir sind die vom Stockwerk tiefer!

Das Passiv

Wie im Deutschen unterscheidet man auch im Italienischen zwischen Aktivsätzen und Passivsätzen.
In einem Aktivsatz wird ausgedrückt, wer etwas tut, z. B. *L'architetto Valle ha progettato la scuola* (Der Architekt Valle hat das Schulgebäude entworfen).
In einem Passivsatz wird ausgedrückt, was mit jemandem oder etwas geschieht, z. B. *Questa scuola è stata progettata l'anno scorso* (Dieses Schulgebäude wurde letztes Jahr entworfen).

REGEL ▷ Im Italienischen wird die Passivform nach folgenden Mustern gebildet:

essere + Partizip Perfekt   oder   venire + Partizip Perfekt

Das Partizip Perfekt richtet sich in Geschlecht und Zahl nach dem Subjekt.
Noi non siamo stati invitati.   *Wir sind nicht eingeladen worden.*
La casa viene venduta.   *Das Haus wird verkauft.*

Die handelnde Person, der Urheber, wird in Passivsätzen durch die Präp. da *(von)* bezeichnet.
La festa è stata organizzata da Luca.   *Die Party wurde von Luca organisiert.*

! Die Passivform mit venire wird nur in den einfachen, nicht zusammengesetzten Zeitformen verwendet (Präsens, imperfetto, futuro semplice . . .), die Passivform mit essere hingegen in allen Zeitformen (Präsens, passato prossimo . . .).
venire ➡ La chiesa viene ristrutturata. (Präsens)   *Die Kirche wird renoviert.*
　　　　 Il palazzo verrà abbattuto. (futuro semplice)   *Das Gebäude wird abgerissen werden.*
essere ➡ Pietro è apprezzato da tutti. (Präsens)   *Pietro wird von allen geschätzt.*
　　　　 Loro sono stati derubati. (passato prossimo)   *Sie sind bestohlen worden.*

Das Passiv **64**

1. Kreuzen Sie die richtige Form an.

a La bolletta . . . ieri.

    ☐ è stata pagata

    ☐ sarà pagata

b Le poltrone . . . domani.

    ☐ venivano consegnate

    ☐ verranno consegnate

c La lavastoviglie . . . al più presto.

    ☐ sarebbe riparata

    ☐ deve essere riparata

d Credo che il colpevole . . . .

    ☐ sia stato trovato

    ☐ viene trovato

e In centro . . . due edifici.

    ☐ vengano ristrutturati

    ☐ sono stati ristrutturati

f Chi . . . sabato alla festa?

    ☐ veniva invitato

    ☐ verrà invitato

2. Wandeln Sie die Sätze um, indem Sie die Passivform mit essere oder venire verwenden.

(Marta) ha cotto l'arrosto al forno. → *L'arrosto è stato cotto al forno.*

a Spediremo gli inviti con molto anticipo.

    _____

b Hanno giocato la partita allo stadio San Siro di Milano.

    _____

c Penso che *(Melania)* abbia lasciato Gigi.

    _____

d Producono la mozzarella in Campania.

    _____

e Trent'anni fa *(nessuno)* usava Internet.

    Trent'anni fa Internet non_____

f *(L'operaio)* ha completato tutte le riparazioni.

    _____

g *(La segretaria)* sposterà gli appuntamenti dell'avvocato.

    _____

3. Vervollständigen Sie die Sätze mit essere oder venire in der richtigen Zeitform.

a *(noi)* _____ invitati alla festa solo ieri!

b La pinacoteca _____ inaugurata la settimana prossima.

c Questo libro _____ pubblicato l'anno scorso.

d Sembra che _____ uccise almeno trenta persone.

e Roma _____ visitata ogni anno da milioni di turisti.

f Allora, _____ arrestati i rapinatori? – Sì, ieri.

Wählen Sie die richtige Form.

futuro semplice und futuro anteriore

1. L'anno prossimo (io) . . . a studiare il latino.
   a) ▢ comincerai
   b) ▢ comincerò

2. Domani (noi) . . . il risultato delle analisi.
   a) ▢ sapranno
   b) ▢ sapremo

3. Chi . . . alla tua festa di compleanno?
   a) ▢ verrà
   b) ▢ verrete

4. Quando è finito lo spettacolo? – . . . state le undici.
   a) ▢ Saranno
   b) ▢ Avranno

5. Laura ha un aspetto splendido! . . . fatto una dieta.
   a) ▢ Sarà
   b) ▢ Avrà

6. Le piante si sono seccate! – Le . . . troppo.
   a) ▢ innaffierai
   b) ▢ avrai innaffiate

stare + Gerundium und stare per + Infinitiv

7. Flora . . . un dolce.
   a) ▢ sta facendo
   b) ▢ stai facendo

8. Mi dispiace, non posso. . . . uscire.
   a) ▢ Sto
   b) ▢ Sto per

9. Quando sono arrivati i miei zii, ...
   a) ▢ stiamo cenando
   b) ▢ stavamo cenando

10. . . . andare a letto, quando ha telefonato Carla.
    a) ▢ Stavo per
    b) ▢ Sto per

congiuntivo

11. È necessario che (Lei) . . . subito questi documenti.
    a) ▢ spedisce
    b) ▢ spedisca

12. Credo che Lia e Vera . . . tutto.
    a) ▢ sappiano
    b) ▢ sappiamo

13. Ho paura . . . il lavoro.
    a) ▢ che io perda
    b) ▢ di perdere

14. Pensate che (lui) . . . la verità?
    a) ▢ dica
    b) ▢ dicano

15. Speriamo che non . . . ancora arrivati.
    a) ▢ abbiano
    b) ▢ siano

16. Sembra che ieri la polizia . . . due ricercati.
    a) ▢ arresti
    b) ▢ abbia arrestato

17. Pensi che domani Rossana ci . . . una mano?
    a) ▢ dia
    b) ▢ abbia dato

18. Speravo che (tu) mi . . . almeno un'e-mail!
    a) ▢ scrivessi
    b) ▢ scrivesse

19. Non sapevamo che (voi) . . . così
    sportivi.
    a)   fosse
    b)   foste

20. Volevo . . . la partita.
    a)   che (io) vincessi
    b)   vincere

21. Pensavo che . . . già partiti.
    a)   aveste
    b)   foste

22. Non sapevo che . . . i ladri a casa tua.
    Che cosa hanno rubato?
    a)   fossero venuti
    b)   venissero

23. I miei genitori desideravano
    che . . . medico.
    a)   diventassi
    b)   fossi diventato

Bedingungssätze

24. Se fossi ricco, . . . di lavorare.
    a)   smettessi
    b)   smetterei

25. Se ce lo avessi detto, ti . . . .
    a)   avremmo aiutato
    b)   aiuteremmo

26. Se non pioverà, . . . a calcio.
    a)   giocheremo
    b)   giocheremmo

Konjunktionen

27. . . . ricevo il primo stipendio, mi compro
    la macchina.
    a)   Perciò
    b)   Appena

28. . . . lo avessi avvertito, è venuto lo stesso.
    a)   Siccome
    b)   Sebbene

Passiv

29. Perché non . . . stati invitati?
    a)   siete
    b)   venite

30. Il congresso è sponsorizzato . . .
    una ditta americana.
    a)   da
    b)   di

Vergleichen Sie nun Ihre Lösungen mit dem Schlüssel auf S. 161. Wenn Sie Aufgaben nicht richtig gelöst haben, wiederholen Sie noch einmal das betreffende Kapitel. Diese Tabelle zeigt Ihnen, auf welches Kapitel sich die einzelnen Aufgaben beziehen.

Aufgabe	Kapitel	Aufgabe	Kapitel	Aufgabe	Kapitel	Aufgabe	Kapitel	Aufgabe	Kapitel
1	54	7	56	13	57/58	19	60	25	62
2	54	8	56	14	57/58	20	60	26	62
3	54	9	56	15	59	21	61	27	63
4	55	10	56	16	59	22	61	28	63
5	55	11	57/58	17	59	23	61	29	64
6	55	12	57/58	18	60	24	62	30	64

Lösungsschlüssel

1

1 *männlich:* libro, tramezzino, vino, spumante, mare, ragazzo
weiblich: carne, bicicletta, acqua, birra, casa, pensione

2 a piatti; b treni; c insalate; d ristoranti; e finestre; f pomodori; g bicchieri; h colazioni; i lampade; j televisioni

3 pesce / pesci; bottiglia / bottiglie; studente / studenti; limone / limoni; signora / signore; giorno / giorni; cornetto / cornetti; persona / persone

4 lingue (w); prenotazioni (w); pollo (m); canzone (w); lavori (m); ospedali (m); antipasto (m); strada (w)

2

1 *männlich: (Singular)* film, dentista, albergo, dramma; *(Plural)* problemi, film, amici
weiblich: (Singular) dentista, auto, moto, città; *(Plural)* auto, moto, città, amiche

2 a problema; b auto; c università; d cameriera *(Cameriera ist nur weiblich, während die anderen Wörter männlich und weiblich sein können.)*

3 sport / sport; città / città; amico / amici; problema / problemi; foto / foto; turista / turisti; cuoco / cuochi; critico / critici; parco / parchi; cinema / cinema

4 caffè / caffè; verità / verità; barca / barche; computer / computer; programma / programmi; tecnico / tecnici; diploma / diplomi; albergo / alberghi; psicologo / psicologi; dentista / dentisti/e

3

1 il: cappotto, mare;
lo: specchio, psicologo;
la: macchina, giacca;
l': ascensore, orologio;
i: mobili, biglietti;
gli: spettacoli, uffici;
le: telefonate, aranciate

2 le (sedie), lo (yogurt), l'(aeroporto), i (libri), gli (ospedali), il (vaso), l'(auto), gli (scandali)

3 a il; b Lo; c l'; d la; e I; f gli; g le; h i

4 b 10 l'(autobus) / gli autobus; c 6 l'(esame) / gli esami; d 8 il (piatto) / i piatti; e 4 lo (scherzo) / gli scherzi; f 9 la (zuppa) / le zuppe; g 2 l'(isola) / le isole; h 1 lo (zaino) / gli zaini; i 3 la (stazione) / le stazioni; j 5 il (record) / i record

4

1 a Dottor Laurenzi, come sta? c Adoro il calcio. d Il mio colore preferito è il verde. f Carlo è un ragazzo simpatico. h La Sardegna è un'isola splendida.

2 a —, —; b —; c le; d L'; e la; f —; g l', lo; h —; i il; j Il

3 a il giapponese; b Australia; c Il bianco; d di argento / d'argento; e la signora Rossi; f La seta; g Signor Cinque; h La Grecia; i di pelle; j le sette

5

1 un': agenda, estate;
una: crema, scuola, stagione;
uno: pseudonimo, zoo;
un: animale, pettine, gatto

2 un (favore), un (anno), un (ascensore), un'(italiana), un'(edicola), un (elicottero), un'(ora), un (orologio), un (cane), un'(idea), un'(auto), un (aereo), un (impermeabile), un (programma), un'(offerta)

3 a una; b uno; c un'; d uno; e una; f un; g un; h un'; i un; j un

4 un uccello, una lampada, un albero,

Lösungsschlüssel

un ombrello, una chiave, un'anatra, uno specchio, una tazza

6

1 a Non avete la macchina?
b Gabi e Jürgen sono di Stoccarda.
c Abbiamo paura di guidare.
d Di dove sei? e Siamo a casa.
f Giuseppe ha fretta. g Sono alla stazione.
2 b ha, 7; c sei, 1; d hanno, 8; e ho, 6;
f abbiamo, 2; g è, 3; h sono, 5
3 a sei; b Ho; c avete; d è; e sono;
f hanno; g Siamo
4 a È; b sono; c ho; d siete; e Avete;
f hai; g siamo; h hanno

7

1 c'è: una lampada, un tavolo, un divano, un tappeto;
ci sono: due poltrone, due quadri, tre piante, quattro cuscini, quattro sedie
2 a c'è; b ci sono; c ci sono; d c'è;
e ci sono; f ci sono; g c'è
3 a c'è; b ci sono; c è; d c'è; e sono; f è
4 a è; b c'è; c ci sono; d ci sono; e sono;
f c'è; g è; h sono

8

1 -are: noi giochiamo, loro comprano;
-ere: loro scrivono, noi ridiamo, voi mettete, tu chiudi;
-ire: lui / lei / Lei capisce, voi partite, tu preferisci
2 a leggo; b suona; c finisce; d lavorate;
e dormono; f vedi; g parlano; h Preferisco
3 a Canto; b ascoltiamo; c parte;
d chiudono; e comincia; f vivete;
g Preferisce; h apro; i finiamo; j prende
4 a Preferisco; b Torniamo; c Mangiano;
d Vivo; e Chiudiamo; f Parto

9

1 a Possiamo vedere il film di Benigni!
b Devo invitare Marco. c Signora, vuole venire a teatro domani? d Sapete suonare la chitarra? e Perché vuoi imparare l'italiano?
f Gigi e Franco devono fare un esame.
2 devo; Vuoi; Possiamo; so; dobbiamo; vogliamo
3 a posso; b può / deve; c devi;
d vogliamo; e puoi; f Volete; g Devo;
h vuole; i dovete; j voglio
4 a Posso; b Sai; c sa; d potete;
e sappiamo; f possono

10

1 io: riesco, vengo, sto;
tu: esci, sali, dici;
lui / lei / Lei: viene, dà, va;
noi: scegliamo, diamo;
voi: dite, bevete;
loro: siedono, rimangono, vanno
2 a stai, 4 sto; b andiamo, 1 Veniamo;
c vengono, 5 rimangono; d fate,
2 Usciamo; e beve, 6 bevo; f dai, 3 esci
3 a La mattina Caterina e Danilo escono alle 7.00. b Riesci a tornare in orario oggi?
c Quando venite a trovarmi? d Scusi, siede Lei qui? e Faccio una passeggiata in centro.
f Allora rimani a cena?
4 a vado; b diamo; c stanno; d dici;
e escono; f bevete; g rimango

11

1 -arsi: mi pettino, ci sposiamo, si taglia, ti addormenti;
-ersi: ci conosciamo, mi siedo;
-irsi: si veste, si sentono, vi divertite
2 Mi alzo; mi faccio; mi vesto; mi riposo;
mi incontro; ci divertiamo; mi addormento;
Ti iscrivi

Lösungsschlüssel

3 a ti impegni; b mi sposo; c si sente;
d mi metto; e ci conosciamo; f ti chiami;
g vi alzate
4 a Non vuoi riposarti un po'?
b Roberto non sa farsi nemmeno un caffè!
c Vi potete sedere qui se volete. d È tardi!
Ci dobbiamo sbrigare. e Comincio ad
annoiarmi a questa festa. f I tuoi amici non
sanno vestirsi.

12

1 b 4; c 1; d 2; e 5
2 a si beve; b ci si mette; c si va;
d si vendono; e si raccontano; f si dorme;
g si fa; h si organizzano
3 a Alle scuole elementari si impara a leggere
e scrivere. b A San Silvestro si festeggia
l'arrivo dell'anno nuovo.
c Al casinò si scommette, si vince o si perde.
d In Turchia non si mangia carne di maiale.
e In Italia in estate si va in montagna o al
mare. f Dal giornalaio si comprano riviste e
giornali.
4 In chiesa ci si sposa in abito bianco.
In macelleria si compra la carne. Al circo si
esibiscono gli animali feroci. In discoteca si
balla fino al mattino.

Test 1

1a, 2b, 3a, 4b, 5a, 6a, 7a, 8b, 9a, 10b, 11b, 12a,
13a, 14a, 15b, 16b, 17b, 18a, 19a, 20b, 21b,
22b, 23a, 24a, 25b, 26a, 27a, 28a, 29b, 30a

13

1 a 6; b 3; c 8; d 2; e 7; f 1; g 5; h 4
2 eleganti, sinceri, bionde, interessante,
grandi, rossa, caldo, verde
3 a Il treno è lento. b I maglioni sono
piccoli. c I caffè sono dolci. d La casa è
costosa. e La signora è vecchia / anziana.

f I ragazzi sono bassi. g Le gonne sono nuove.
4 a cari; b comoda, economica;
c simpatico, carino; d centrale; e italiane;
f eleganti; g rossa; h cinese

14

1 b 1; c 6; d 7; e 8; f 2; g 5; h 3
2 a un bell'animale; b tante belle storie;
c un buon consiglio; d due buoni aperitivi;
e due belle auto; f un bel bambino;
g due buoni studenti
3 a bella; b belli; c begli; d bell'; e bei;
f bello; g bell'; h bel
4 a buona; b Buon; c buono; d buon';
e buoni; f buone

15

1 -o/-a: direttamente, tranquillamente,
silenziosamente;
-e: debolmente, elegantemente, dolcemente;
eigene Formen: adesso, poco, tardi, abbastanza
2 improvvisamente, rumoroso, speciale,
regolarmente, brevemente, generalmente
3 sotto = *unten*, spesso = *oft*, lontano = *weit*,
mai = *nie*, ancora = *noch*, poco = *wenig*,
sempre = *immer*, dentro = *innen*, oggi = *heute*,
là = *dort*
4 b 5; c 2; d 1; e 3; f 6

16

1 b 3; c 6; d 1; e 7; f 2; g 4
2 a inutile *(Adj.)*; b sempre / volentieri
(Adv.); c sempre *(Adv.)*; d molta *(Adj.)*;
e belli *(Adj.)*; f molto *(Adv.)*; g lontane *(Adj.)*
3 a particolare; b perfettamente;
c comodamente; d tranquilla; e raramente;
f veramente; g elegante; h tipici
4 a buono; b bene; c bene; d bene;
e buoni; f buona; g bene; h buone

Lösungsschlüssel

17

1 in: Inghilterra, autunno, Africa, aereo, Liguria, Sicilia, chiesa, banca;
a: Ischia, righe, Pasqua, Venezia
2 a in, a; b in; c In, a; d in; e in, a; f a; g a; h in; i a; j a; k a; l a
3 a Nel; b Nella; c nello; d nei; e Negli; f nelle
4 a al; b alle; c al; d all'; e ai; f alla

18

1 b Il gatto siamese di Pietro scappa sempre! c Porto i fiori in sala da pranzo. d La mia amica Mercedes è di Madrid. e Vorrei un chilo di patate, per piacere. f Ti piace la mia borsa di pelle? g Luisa è malata da tre giorni. h Stasera ceniamo da mia zia.
2 a di; b da; c di; d Da; e di; f di; g da; h da; i di; j Di; k Da; l da
3 a dei; b del; c della; d delle; e dello; f degli
4 a Dal; b dalle; c dai; d dall'; e Dalla; f dallo

19

1 a sull'; b con; c Su; d con; e con; f sulle
2 a per; b per; c tra / fra; d per; e Tra / Fra; f per
3 a Vado al museo per vedere la mostra di de Chirico. b Francesco finisce gli studi fra un anno. c Pago il telefonino con la carta di credito. d Per la luna di miele vogliamo una camera con vista sul mare. e Tra l'Italia e la Spagna c'è il Mare Mediterraneo.
4 a per; b con; c Tra / Fra; d per; e sulle; f per; g tra / fra; h per

20

1 sessanta, seimila, tredici, diciotto, mille, cinque, quattro, ventuno, due, nove, zero, tremila, uno, tre
2 a cinquantotto; b centoventicinque; c ottomila; d sessantasei; e quattrocentoventitré; f novanta; g trentatré; h dodici; i settantasei; j ventimila; k millenovecentonovantadue; l tre milioni
3 a trentesimo; b decimo; c centesimo; d settimo; e secondo; f cinquantesimo; g diciottesimo; h sesto; i millesimo; j sedicesimo; k quarto; l ventitreesimo
4 a un milione di euro; b il terzo piano; c le prime parole; d due miliardi di persone; e la quinta traversa; f i primi amici

21

1 a le dieci; b sono; c alle; d Il primo; e un quarto; f Il sei
2 a meno; b e; c e; d meno; e meno; f e
3 a Sono le nove e dieci. b È mezzogiorno e mezzo/mezza. c È mezzanotte meno dieci. d Sono le undici e diciotto. e Sono le cinque e trentacinque. f È l'una meno venti.
4 a Che giorno è oggi? b Sono le cinque e trentacinque. c A che ora parte il treno? d Pranzo all'una. e Oggi è il tre luglio. f Rosa si alza alle sette.

22

1 del: pane, pesce; dello: zafferano, spumante; dell': aranciata, acqua, aceto; della: pasta; dei: fiori, giornali; degli: gnocchi, zucchini; delle: pere, albicocche
2 delle carote, dei carciofi, dello zucchero, dell'aglio, del latte, del formaggio, dell'insalata, della farina, dell'uva, delle uova

Lösungsschlüssel

3 a della birra; b dei funghi; c degli spaghetti; d dell'ananas; e del vino; f dello yogurt; g della mortadella; h dell'acqua minerale; i dei cioccolatini
4 a di, dello; b del; c di; d delle; e degli; f di; g della; h di, dell'

23

1 a No, non ti amo. b Sì, la mangio. c Sì, lo vedo. d No, non vi veniamo a trovare.
e Sì, le ho. f Sì, La posso aiutare.
2 . . . Li ho in una grande cesta. . . . Tutte le mie amiche la vorrebbero avere / vorrebbero averla. Io ho anche altre bambole, ma le lascio sempre nella cesta perché non mi piacciono più. . . . Lo adoro e gioco tutti i giorni con lui. Prendiamo la mia bambola e giochiamo con lei per ore. Luca e la bambola, io amo solo loro!
3 a me; b te; c ci; d loro; e vederla; f ti; g li; h lei
4 b 2; c 6; d 4; e 1; f 5; g 7

24

1 b 5; c 1; d 6; e 3; f 4
2 a No, non mi piace. b Sì, ti telefono.
c Sì, vi preparo dei tramezzini. d No, non ci serve. e Sì, le regalo un orologio di Cartier.
f Sì, gli dispiace sicuramente moltissimo!
3 a Perché non mi spieghi come funziona il lettore DVD? b Non gli interessa il calcio.
c Signora Lusani, mi dispiace non Le posso dare / non posso darLe un aumento.
d Il tecnico ci consiglia di comprare una lavatrice nuova. e Non vi manca niente, vero?
f Perché non ti piace vedere la partita la domenica?
4 a Le; b te; c le; d voi; e mi; f ci; g offrirvi; h gli

25

1 a Me le; b Glielo; c Gliele; d ve la; e Gliela; f Ce la; g te lo; h me li
2 a I nostri genitori ce lo regalano.
b Quando ve la dobbiamo restituire?
c Glielo puoi prendere / Puoi prenderglielo?
d Me li dai? e Adesso te la racconto.
f Glieli posso consegnare domani / Posso consegnarglieli domani?
3 b 5; c 1; d 7; e 8; f 6; g 3; h 2
4 a Sì, ve la do volentieri. b Certo, te lo compro più tardi. c Sì, se la vedo glielo dico.
d No, non ve li faccio provare. e Certo, te li presto se ti servono. f Sì, me le compro.

26

1 a Ci piace visitare paesi stranieri. b A Lia non piacciono i gioielli. c A lei piace la pittura surrealista. d A mio fratello piace guidare di notte. e Non ti piace la musica rock?
2 Mi piace ballare il tango, suonare la batteria, cenare fuori, il vino rosso, il caffè corretto, il basket. Mi piacciono le scarpe con i tacchi alti, i ragazzi muscolosi.
3 a piace; b piace; c piace; d piacciono; e piace, piace; f piacciono; g piacciono; h piace
4 a piace cucinare; b piace leggere; c piace, l'italiano; d piacciono il tennis e la pallavolo; e piace viaggiare con i mezzi pubblici; f piacciono i colori scuri e gli abiti lunghi; g piace il giardinaggio; h piace guardare la TV

27

1 a Oggi non posso andare in ufficio.
b Non gli piace lavare i piatti. c Enrico non ha pazienza. d Loro non sono di qui.
e I miei CD non te li presto. f Non hanno

Lösungsschlüssel

voglia di venire alla festa.

2 a no; b non; c no; d non; e no;
f No, Non; g no

3 a Non abbiamo fame. b Spero di no.
c Perché non vieni da me? d Non Le piace il
film? e Non lo so. f Umberto non si iscrive
all'università.

4 a Rossana non parla l'inglese. b I miei
genitori non mi capiscono. c Lei non è
italiano? d Penso di no. e Oggi non ho voglia
di fare sport. f Suo fratello non lo aiuta con
i compiti. g No, grazie. Non ho sete.
h Domani non mi posso riposare.

28

1 a Non prendo niente, grazie. b Gina e
Marcella non sono né belle né simpatiche. /
Gina e Marcella non sono né simpatiche né
belle. c Da domani non lavoriamo più.
d Non fanno mai sport. e Nessuno mi crede.

2 a nessuno; b niente; c mai; d né...né;
e più; f nemmeno

3 a Non mi incontro con nessuno.
b (Lui) non fa colazione mai. / (Lui) non fa
mai colazione. c Non abbiamo più fame.
d Qui / Qua non si vede niente.
e Non vogliono né studiare né lavorare.
f Perché non andate mai in vacanza?

4 a Carla non si alza mai presto. b Non mi
piace né ballare né cantare. c Mia figlia non
parla con nessuno. d Domani non possiamo
andare né a teatro né a cena fuori. e Non hai
più voglia di giocare a carte? f Non navigate
mai su Internet?

Test 2

1b, 2a, 3b, 4a, 5a, 6b, 7b, 8a, 9a, 10a, 11b, 12b,
13b, 14a, 15a, 16b, 17b, 18a, 19b, 20a, 21a, 22a,
23a, 24b, 25b, 26b, 27a, 28a, 29b, 30b

29

1 a ci penso; b ci vado; c non ci lavoro;
d non ci veniamo; e non ce l'ho;
f non ci credo

2 a Ci penso spesso. b Bianca ci litiga
sempre. c Domani ci torno. d Ci potete
contare. e Qualche volta ci pensate?
f I genitori di Livio non ci credono.
g Quando ci vai?

3 a ci va d'accordo; b ci credo;
c ci andiamo; d ci tornano; e ci posso
sempre contare; f ci devi rinunciare;
g ci giocano

4 a ci; b —; c —; d Ci; e ce; f —; g ci;
h Ci

30

1 b 8; c 6; d 2; e 3; f 5; g 1; h 4

2 a Sì, ne sono contento. b Ne vuole un
altro bicchiere? c Ne vorrei un chilo.
d Ne sei convinto? e Mio padre ne conosce
alcuni. f Nessuno ne parla.

3 a ne trovo; b ne volete; c Ne ho;
d ne mangio; e ne compri; f ne ho;
g ne dite

4 a ne; b Ne; c Ne; d —; e ne; f —;
g Ne

31

1 queste: sigarette, industrie;
questi: cani, bicchieri;
questa: festa, amica, lingua;
questo: treno, aereo, maglione

2 questi, questa, quest' / questo, queste,
quest' / questa, questi

3 a Questo regalo è per te. b Questa borsa
è molto pesante! c Questa è una bella
sorpresa! d Quanto costano questi di pelle?
e Ti piacciono queste a quadri?

153

Lösungsschlüssel

4 a Questi (A); b questo (A); c questo (P); d Quest' / Questa (A); e Queste (A); f questi (P); g Questa (P); h Queste (A)

32

1 quel: signore, parco;
quell': armadio, olio;
quello: spumante, scherzo;
quella: casa, giacca;
quei: libri, bicchieri;
quegli: stadi, spettacoli;
quelle: etichette, scarpe
2 quelle, quell', quegli, quei, quel, quello
3 a quella; b quel; c Quei; d quello; e quelle; f Quell'; g quegli; h Quell'
4 a quella; b quello, c Quell'; d quel, Quello; e quei; f quelli; g quelle, Quelle; h quegli

33

1 *Unregelmäßige Partizipien:* stato (*von* essere), aperto, preso, visto, mosso;
Regelmäßige Partizipien: stato (*von* stare), trovato, portato, pulito, ballato, caduto
2 cominciato, finire, rimanere, letto, capito, vincere, perduto / perso, andare
3 a preparato; b stati; c andata; d fatto, arrabbiato; e tornate; f pulito; g nati; h cambiato
4 a hai superato; b sono venute; c è uscita; d ho riso; e siete tornati; f hanno divorziato; g è andato, ha offerto

34

1 Ho capito, incontrato, guardato, venduto, sentito; Sono uscito, caduto, partito, venuto, nato
2 a siamo andati/e; b hai più scritto; c ho letto; d siete stati; e è accaduta; f sono piaciute; g hanno perso

3 a L'anno scorso Nadia si è iscritta all'università. b Ieri i miei amici e io ci siamo divertiti molto. c Ti è piaciuto il film? d Oggi non ho lavorato molto. e Ieri sera siamo rimasti/e a casa. f Hanno dovuto comprare un regalo per un amico. g Ieri non sono potuto/a uscire. h Lo scorso semestre Ian ha frequentato un corso d'italiano.
4 a ho mai bevuto; b è successo; c ha organizzato; d mi sono trasferita; e Abbiamo camminato; f Ho perso

35

1 b 7; c 3; d 5; e 4; f 1; g 8; h 6
2 a regalata; b prenotati; c fumate; d chiamato; e viste; f comprate; g presa; h prestati
3 a L'ho pagato con la carta di credito. b Dove l'avete parcheggiata? c Dove li hai messi? d La signora Fini ne ha comprati due chili. e L'avete spenta? f Le ho perse. g Carlo ne ha bevuto solo un bicchiere. h Non l'hanno chiuso.
4 a l'ha accompagnata; b le ho conosciute; c L'ho superato; d Ne ho già mangiato; e ne abbiamo vista; f le hai messe; g li avete lavati; h l'ha offerto

36

1 b Ieri Carla e io abbiamo finito di lavorare tardi. c Melania, hai finito? d Massimo ha cambiato la mia vita! e Dopo l'incidente Serena è cambiata completamente.
2 a Lo spettacolo è cominciato in ritardo. b Non siete mai scesi/e alla fermata giusta! c Il direttore mi ha aumentato lo stipendio. d Lorenzo ha cambiato casa. e Nora, sei salita con l'ascensore? f Quella storia è finita male. g Pioggia e vento sono diminuiti lentamente.

Lösungsschlüssel

3 a sono aumentati; b abbiamo finito;
c sono diminuite; d è aumentato; e è finita;
f ha cambiato; g siete saliti; h hai sceso
4 a ho ancora finito; b ha cambiato;
c è finito; d avete cominciato; e è diminuito;
f sono cominciate; g è aumentata; h è scesa

37

1 a che; b che; c di; d degli; e che; f di;
g di; h che
2 a Il computer è più utile della macchina
da scrivere. b Io ho una vita più eccitante
che monotona. c È meno difficile andare
d'accordo con Mauro che con Tiziana.
d Giocare a scacchi è più complicato che
giocare a dama. e Io sono meno fortunata
di Patrizia.
3 a più, di, più, di; b più, di, più, di; c come;
d meno, più; e come, come; f come, più, di;
g più, di, più, di

38

1 b 6; c 5; d 1; e 2; f 4
2 a forte forte; b piccolo piccolo;
c contentissima; d molto eleganti; e assai
interessante; f più brava; g velocissimo;
h meno caro
3 a Questo film è il più interessante. /
Questo film è interessantissimo. b Rita, sei
la più gentile! / Rita, sei gentilissima!
c Questi esercizi sono i più difficili. / Questi
esercizi sono difficilissimi. d bellissima;
e Luca è il ragazzo più alto. / Luca è un
ragazzo altissimo. f I vicini hanno la casa
più ordinata. / I vicini hanno una casa
ordinatissima. g Ada e Tina sono le più
studiose. / Ada e Tina sono studiosissime.
4 a la più carina; b caldissima; c il più
vecchio; d meno fredda; e pericolosissimo;
f profumatissimi

39

1 a le sue; b La mia; c i tuoi; d La vostra;
e la loro; f il nostro; g i tuoi; h il Suo
2 a la sua; b il vostro; c il loro; d i tuoi;
e il nostro; f la tua; g le sue
3 a Il mio problema è serio. b Il tuo vestito
è molto elegante. c La nostra gatta è
furbissima. d I suoi amici sono inglesi.
e La vostra villa è a Beverly Hills? f Il loro
giardino è curatissimo. g I miei vicini sono
insopportabili.
4 a il nostro; b la Vostra; c i suoi; d il mio;
e Le mie; f il loro; g le sue; h la tua

40

1 la mia: sorellina, ragazza, mamma;
mia: zia, madre, cugina;
mio: nonno, figlio, fratello;
il mio: cuginetto, fidanzato, papà
2 a i tuoi; b Il mio; c Sua; d la mia;
e i vostri; f mio, la sua; g tua; h mio
3 a la sua; b i vostri; c Mia; d i nostri;
e il tuo; f i loro; g Suo; h mio

41

1 a Tutti; b Ogni; c molta; d poche;
e tanti; f Qualche
2 a Qualche volta andiamo al ristorante
cinese. b Alla sfilata ho conosciuto alcune
modelle. c Vittorio possiede alcuni oggetti
d'antiquariato. d Mirco ha qualche cliente
in Olanda.
3 a tutti i; b tutto; c tutte; d tutta la;
e tutte le, tutte
4 a troppa; b tanti; c ogni; d altro;
e tutti; f poche

42

1 a chi; b Quale; c Quando; d Quanti;
e Di dove; f quanti

Lösungsschlüssel

2 a quanto; b Quali; c quanti; d Quante;
e Quale; f Qual

3 a Che; b Perché; c A chi; d Che;
e Come; f Con chi

4 a Quanti anni hai? b Dove siete stati?
c Che cosa / Cosa hai comprato? d Quanti
eravate? e Da dove viene? f Qual è il tuo
film preferito? g Quante lingue parlano?
h Dove va Susanna? / Da chi va Susanna?

Test 3

1a, 2b, 3b, 4a, 5a, 6b, 7a, 8a, 9b, 10b, 11b, 12b,
13a, 14b, 15a, 16b, 17b, 18b, 19a, 20b, 21a,
22a, 23a, 24a, 25a, 26b, 27a, 28b, 29a, 30b

43

1 io: dicevo, partivo;
tu: dormivi, parlavi, ti lavavi, sapevi;
lui / lei / Lei: leggeva, guardava;
noi: dovevamo, bevevamo;
voi: scrivevate, avevate;
loro: facevano, si alzavano, uscivano, capivano
2 cantare: cantavi, cantavamo, cantavate,
cantavano;
prendere: prendevo, prendeva, prendevamo,
prendevate;
salire: salivo, salivi, saliva, salivano
3 a lavoravo; b andavamo; c beveva;
d eravamo; e mettevano; f seguivate;
g finivi; h facevi
4 a doveva; b raccontava;
c mangiavate; d andavamo; e vivevano;
f uscivo; g facevi; h mi divertivo

44

1 era; giocava; faceva; tornava; giocavano;
leggevano; cominciava; era; hanno chiuso;
è salito; ha cominciato; si è rotto; ha dormito;
era, si sentiva; è andato

2 a c'era, ci sono andato; b portava;
c aspettavo, ho incontrato; d siamo stati;
e abitavano, hanno comprato; f era, parlava;
g preparava, facevano; h abbiamo fatto,
siamo andati
3 hai passato; mi alzavo; mi vestivo; scendevo;
compravo; andavo; facevi; ho fatto; ho visitato;
cenavo; facevo; mangiavo

45

1 b 7; c 2; d 1; e 4; f 5; g 6
2 a Volevamo; b sapevate; c potevi;
d siamo potuti; e doveva; f hai conosciuto;
g ho saputo
3 dovevo; dovevi; volevo; ho potuto; volevo;
sono dovuta; ho dovuto; potevi; Dovevo;
potevi; volevo; ho saputo; abbiamo dovuto

46

1 b Il film che abbiamo visto ieri sera
era noiosissimo! c Finalmente ho trovato
l'appartamento che cercavo! d Non sei
ancora andato a vedere lo spettacolo di cui
ti ho tanto parlato? e Hai visto il regalo che
mi ha fatto Sabina? f È un vaso prezioso a
cui tengo particolarmente. g Quello è il
ragazzo con cui è uscita Roberta. Bello, vero?
h Mamma, l'asciugacapelli che hai comprato
si è già rotto!
2 a Ieri ho incontrato Erminia con cui ho
seguito il corso di spagnolo. b Gianluca
vive in una strada che è molto rumorosa /
La strada in cui vive Gianluca è molto
rumorosa. c Vi piace il quadro che ho
dipinto? d Questa è la ragazza per cui
Antonio ha perso la testa! e Volete provare
il cocktail che ho preparato proprio per voi?
3 a che; b su cui; c con cui; d di cui;
e che; f che; g a cui / cui; h che

Lösungsschlüssel

47

1 b 5; c 3; d 1; e 6; f 4

2 a era ancora finita; b Aveva appena cominciato; c era già andata; d aveva regalato; e Avevamo fissato

3 a aveva capito; b avevano comprato; c Avevamo deciso; d avevo mai visto

4 a avevamo dimenticato, abbiamo trovate; b avevamo più trascorso, abbiamo chiamato, siamo usciti, Avevamo prenotato, abbiamo cambiato, siamo andati; c avevano mangiato, sono andate, hanno conosciuto, volevano, erano, hanno rifiutato

48

1 *regelmäßige Verben:* guadagnerei, finirebbero, parlereste, prenderemmo, salirebbe;
unregelmäßige Verben: avreste, sarebbe, vorrei, berresti, andremmo

2 aiutare: aiuteresti, aiuterebbe, aiuteremmo, aiutereste, aiuterebbero;
vivere: vivrei, vivresti, vivrebbe, vivremmo, vivreste;
capire: capirei, capiresti, capiremmo, capireste, capirebbero

3 a potresti; b Vorrei; c desidererebbero; d aiuteresti; e fareste; f piacerebbe; g saprebbe; h avreste

4 a direste; b Saremmo; c rimarrebbero; d verrebbe; e presteresti

49

1 a Simona, dovresti cercare di stare più attenta! b Mi aiutereste a portare questa cassa in cantina? c Domani farei un giro in centro. d Preferiremmo prendere solo un secondo. e Le dispiacerebbe aprire la porta? f Non dovreste correre tanto con la moto!

2 a potresti; b si iscriverebbero;

c piacerebbe; d potrebbe; e direi; f dareste; g mi sentirei; h guarderemmo

3 a vivrebbero; b Prepareremmo; c Dovresti; d lavorerei; e farebbero; f accenderesti; g piacerebbe

4 a Mi passeresti la bottiglia? b Potrebbe / Potreste chiudere la finestra? c Dovresti cercare un nuovo lavoro. / Ti dovresti cercare un nuovo lavoro. / Dovresti cercarti un nuovo lavoro. d Ti verrei a trovare volentieri. / Verrei a trovarti volentieri. e I miei figli dovrebbero tornare a mezzogiorno. f Farei volentieri un viaggio.

50

1 a Saremmo potuti / potute andare insieme dal parrucchiere. b Mi sarebbe piaciuto partecipare a un concorso di bellezza. c Oggi avrei mangiato volentieri le penne al salmone. d Due miei amici avrebbero voluto fare il giro del mondo. e Cambiando lavoro avresti fatto carriera. f Sareste dovuti / dovute essere più gentili con Marina!

2 a saremmo andati, nemmeno una camera libera; b avrei fatto, era rotto; c avresti potuto, ti stava benissimo; d non me lo hai detto, avrei aiutato

3 a porterei; b Vi sareste divertiti; c direi; d vorrebbe; e Potremmo; f Avresti guadagnato; g avresti dovuto; h piacerebbe

51

1 tu: va', esci, porta, finisci, smetti;
Lei: faccia, metta, senta, dia, chiami, parli;
voi: guardate, dite, leggete, partite

2 a sia; b spedisca; c sta' / stai; d chiudi; e comincia; f prendete

3 a Fa' / Fai un bel viaggio! b Abbia un po' di pazienza! c State zitti! d Venga più spesso! e Scrivi una lettera a tua nonna!

157

Lösungsschlüssel

4 a Chieda nella farmacia lì all'angolo.
b Beh, beva un bel caffè forte forte.
c Allora, va' / vai dal dietologo.
d Beh, comprate l'ultimo CD di Adriano
Celentano. e Uscite con degli amici.

52

1 b 3; c 4; d 5; e 1; f 2
2 a Leggilo. È molto interessante.
b Comprane due chili. c La faccia come gli
altri. d A Natale recitategliela. e Ci vada, se
può. f Dalle una mano. g Aiutateli a fare i
compiti.
3 a ricordati; b vacci; c Regalategliela;
d Prendila; e Spegnetela; f glielo spieghi;
g lavatevi
4 a vienici; b Ne affetti; c Lo beva;
d Restituitecela; e pulitevi

53

1 tu: Non dire bugie! Non spendere troppo!
Non ti alzare / Non alzarti tardi! Non gli dare /
Non dargli niente!
Lei: Non si preoccupi! Non dica bugie!
Non si alzi tardi! Non abbia fretta!
voi: Non vi preoccupate / Non preoccupatevi!
Non spendete troppo! Non abbiate fretta!
Non gli date / Non dategli niente!
2 a non partite; b non alzatevi / non vi
alzate; c non fare; d non essere; e non ci
andare / non andarci; f non venga
3 a Non parlare mentre mangi! b Non dica
sempre quello che pensa! c Non uscite ogni
sera! d Non dia troppo di mancia! e Non
scrivere sui muri!
4 a Non stare troppe ore davanti al computer!
b Non ditegli / Non gli dite niente! c Non
sollevare cose troppo pesanti! d Allora, non
perda tempo!

Test 4

1b, 2b, 3a, 4b, 5a, 6a, 7a, 8b, 9b, 10a, 11b, 12b,
13b, 14a, 15a, 16b, 17b, 18b, 19a, 20b, 21a,
22b, 23b, 24a, 25a, 26a, 27a, 28b, 29b, 30a

54

1 *regelmäßige Verben:* noi partiremo, voi
riderete, io giocherò, tu leggerai, tu capirai;
unregelmäßige Verben: lui / Lei / Lei sarà,
tu berrai, io avrò, noi potremo, voi vorrete,
loro sapranno
2 a Mi costruirò una casa in campagna.
b Dove andrete la prossima estate?
c Preferiranno sicuramente pernottare in
albergo. d Rimarremo solo una notte.
e A che ora arriverai? f Trascorrerà due
mesi al mare. g Non verranno mai più.
3 a Per chi voterete alle elezioni? b Quando
ti firmeranno il contratto? c Ti daremo una
mano. d Quanti anni avrà la professoressa
di latino? e Cercherò di fare il possibile per
aiutarti. f Dove saranno i bambini?
g Quando finirai l'università?
4 a berrò; b si stancherà, si fidanzerà;
c comincerete; d diranno; e darai; f saprò;
g Verremo; h diventerà

55

1 a avrò comprato il computer; b avranno
trovato un lavoro; c avremo frequentato un
corso d'inglese; d avrà nevicato; e avrà
capito l'errore
2 a Appena avrete completato il lavoro, avrete
più tempo libero. b Appena Alessandro avrà
chiamato, ti darò la risposta. c Quando
saremo andati in pensione, passeremo più
tempo con i nostri nipotini. d Appena la
riunione sarà finita, andranno a cena fuori.
e Appena ti sarai ripreso / ripresa dall'operazione, potremo di nuovo fare jogging insieme.

Lösungsschlüssel

3 a avrai dimenticati; b ci trasferiremo;
c Sarà; d avrò cenato, leggerò; e Avrà
dormito; f avrà

56

1 a Si sta rilassando. b Sta leggendo il
giornale. c Sta ascoltando la musica. d Non
sta bevendo un caffè. e Sta telefonando.
f Non sta aprendo un pacco. g Non sta
scrivendo un'e-mail.
2 a Alberto sta per cominciare un nuovo
lavoro. b State per uscire. c I miei genitori
stanno per tornare. d Stiamo per concludere
un affare importante. e Sto per aprire un
negozio in centro.
3 a I bambini stanno dormendo. b Sta per
cominciare il Gran Premio. c Sto per andare
dal parrucchiere. d Miriam sta facendo la
doccia. e Ida e Cesare stanno per divorziare.
f Stiamo andando a dormire.
4 a Fabio e io stavamo litigando; b Stavo per
pagare; c Che cosa / Cosa stavate facendo?
d Stavano per partire

57

1 *regelmäßige Formen:* apriate, leggano,
senta, scriviamo, parlino;
unregelmäßige Formen: bevano, sia, venga,
vogliate, diciamo
2 regalare: regali, regali, regaliamo, regaliate,
regalino;
vendere: venda, venda, venda, vendiamo,
vendiate;
sentire: senta, senta, senta, sentiate, sentano
3 a produrre (K); b raccogliere (I);
c sapere (I/K); d prendere (K);
e piangere (K); f mantenere (I);
g offrire (K); h dimagrire (K);
i dovere (I/K); j dare (K); k lavorare (I/K)

4 a impari; b abbia; c superi; d vada;
e soffrano; f venga

58

1 a voglia; b si arrabbi; c si trasferiscano;
d sappiate; e ritorniamo; f faccia
2 a arrivi; b frequenti; c debba;
d vendiamo; e possa; f impariate; g sia;
h evitino
3 a Credo che mia moglie non si rilassi mai.
b Crediamo che quelle due dicano solo bugie.
c Credono di essere i migliori! d Credete
che la Juve vinca lo scudetto? e Credo che
mangiate troppi dolci! f Non credo di
ottenere il prestito.
4 a È utile che i miei genitori ci aiutino.
b Spero che il regalo ti piaccia.
c Mio padre non vuole che diventi un boxer.
d Preferiamo che veniate domani.

59

1 a abbia chiuso; b siano già arrivati;
c abbiate festeggiato; d si sia riposato;
e abbia abbaiato; f abbia mangiato
2 a Credono di avere perso tempo.
b Credi che Mario e Bianca siano partiti?
c Credono che tu abbia esagerato ieri sera.
d Credo di essere ingrassato. e Crediamo
che a Tina non sia piaciuta la festa. f Credo
che ieri tutti abbiano visto la finale.
3 a Siamo convinti che Lello abbia inventato
una scusa. b Spero che le tue vacanze siano
andate bene. c Mi auguro che ti sia
riappacificato / riappacificata con Clelia.
d Pensano che sia riuscito / riuscita
a trovare una soluzione. e È possibile che
nessuno ci abbia visto.
4 a abbia ereditato; b permetta;
c abbia mai avuto; d abbia perso; e sia

159

Lösungsschlüssel

60

1 a riuscisse; b funzionasse; c veniste;
d pagasse; e giocassero; f bevessi
2 a Avevamo paura che Enrico fosse nei guai!
b Era importante che ne parlassimo.
c Supponevo che tu lo sapessi. d Si augurava
che la situazione migliorasse. e Pensavo
che Fabio ti amasse. f Credevamo che vi
capissero.
3 a Speravamo che decidessero di restare.
b Non sapeva che Renato avesse già 30 anni.
c Speravo di essere incinta. d Immaginavate
che la nostra casa costasse tanto? e Temeva
di fare uno sbaglio.
4 a sapessi; b ascoltasse; c potessero;
d piacesse; e insegnasse; f scoprissero;
g si trovasse; h veniste

61

1 a avessi studiato; b foste stati/e;
c avessero saputo; d avesse più chiamato;
e avessero dato; f fossimo già usciti/e
2 a Credevo che Nino non avesse dormito a
casa. b Era possibile che avesse nevicato a
lungo. c Speravo che le mie piante fossero
cresciute. d Credeva che avessi letto quel
libro. e Pensavano che avessimo finito.
f Era probabile che i prezzi fossero aumentati.
3 a Temevo di avere deluso i miei genitori.
b Speravamo che Liliana avesse preparato un
piatto orientale. c Nessuno immaginava che
quel tipo avesse ucciso tante persone.
d Speravo che non avessi sofferto tanto.
e Aldo non sapeva di avere preso una multa.
4 a facessi; b fosse morta; c avessero
sentito; d aiutaste; e potesse; f fossero
dovuti

62

1 a tagliassi; b decidiamo; c saremmo
venuti; d regaleremo; e dicevi; f potremmo
2 a Se avessimo tempo ci iscriveremmo a un
corso di cucina. b Se Cinzia si sposasse con
Mario, suo fratello dovrebbe cambiare casa!
c Se avessi un aumento, comprerei un'auto
nuova. d Se trovassero i biglietti, andrebbero
a vedere la partita.
3 a Se avessi vinto il primo premio della
lotteria, avrei smesso di lavorare. b Se avessi
mangiato di meno, ti saresti sentito / sentita
meglio. c Se Liana avesse trovato un monolocale, avrebbe accettato quel lavoro.
d Se aveste invitato anche Maurizio, sarebbe
stato meglio!
4 a avrebbero; b andiamo; c avessi detto;
d smettessi; e facevo; f potrò

63

1 a oppure; b e; c Appena; d che;
e Mentre; f pure
2 a Stavamo guardando la TV, quando è
andata via la luce. b Ieri sera ho mangiato
una minestra e un po' di formaggio.
c Nonostante sia in vacanza, mi sento
stressato! d Mettiamo tutto in ordine prima
che arrivino gli ospiti. e Hai la moto e anche
la macchina? f Avevo fame perciò ho
comprato un panino con la mortadella.
3 a affinché; b siccome; c perché;
d Appena; e però; f Mentre; g sebbene;
h sia

64

1 a è stata pagata; b verranno consegnate;
c deve essere riparata; d sia stato trovato
e sono stati ristrutturati; f verrà invitato

Lösungsschlüssel

2 a Gli inviti verranno / saranno spediti con molto anticipo. b La partita è stata giocata allo stadio San Siro di Milano. c Penso che Gigi sia stato lasciato. d La mozzarella viene / è prodotta in Campania. e Trent'anni fa Internet non veniva / era usato. f Tutte le riparazioni sono state completate. g Gli appuntamenti dell'avvocato verranno / saranno spostati.

3 a Siamo stati; b verrà / sarà; c è stato; d siano state; e viene / è; f sono stati

Test 5
1b, 2b, 3a, 4a, 5b, 6b, 7a, 8b, 9b, 10a, 11b, 12a, 13b, 14a, 15b, 16b, 17a, 18a, 19b, 20b, 21b, 22a, 23a, 24b, 25a, 26a, 27b, 28b, 29a, 30a

Liste unregelmäßiger Verben

Grundform	Ind. Präsens	imperfetto	futuro semplice	condizionale pres.
accendere				
andare*	vado vai va andiamo andate vanno		andrò . . .	andrei . . .
aprire				
avere	ho hai ha abbiamo avete hanno		avrò . . .	avrei . . .
bere	bevo bevi beve beviamo bevete bevono	bevevo . . .	berrò . . .	berrei . . .
cadere*			cadrò	cadrei
chiedere				
chiudere				
dare	do dai dà diamo date danno		darò . . .	darei . .
decidere				
dipingere				
dire	dico dici dice diciamo dite dicono	dicevo . . .	dirò . . .	direi . . .

Liste unregelmäßiger Verben

Imperativ	congiuntivo pres.	congiuntivo imp.	Partizip Perfekt	
			acceso	*anzünden*
va' / vai (2. Pers. Sing.) vada (Höflichkeitsform) andate (2. Pers. Pl., Höflichkeitsform)	vada vada vada andiamo andate vadano			*gehen*
			aperto	*öffnen*
abbi (2. Pers. Sing.) abbia (Höflichkeitsform) abbiate (2. Pers. Pl., Höflichkeitsform)	abbia abbia abbia abbiamo abbiate abbiano			*haben*
bevi (2. Pers. Sing.) beva (Höflichkeitsform) bevete (2. Pers. Pl., Höflichkeitsform)	beva beva beva beviamo beviate bevano	bevessi · · ·	bevuto	*trinken*
				fallen
			chiesto	*fragen*
			chiuso	*schließen*
da' / dai (2. Pers. Sing.) dia (Höflichkeitsform) date (2. Pers. Pl., Höflichkeitsform)	dia dia dia diamo diate diano	dessi · · ·		*geben*
			deciso	*beschließen*
			dipinto	*malen*
di' (2. Pers. Sing.) dica (Höflichkeitsform) dite (2. Pers. Pl., Höflichkeitsform)	dica dica dica diciamo diciate dicano	dicessi · · ·	detto	*sagen*

Liste unregelmäßiger Verben

Grundform	Ind. Präsens	imperfetto	futuro semplice	condizionale pres.
dovere**	devo devi deve dobbiamo dovete devono		dovrò . . .	dovrei . . .
essere*	sono sei è siamo siete sono	ero eri era eravamo eravate erano	sarò . . .	sarei . . .
fare	faccio fai fa facciamo fate fanno	facevo . . .	farò . . .	farei . . .
iscrivere → scrivere				
leggere				
mantenere → tenere				
mettere				
muovere				
nascere*				
offrire				
ottenere → tenere				
perdere				
permettere → mettere				
piacere*	piaccio piaci piace piacciamo piacete piacciono			
piangere				

Liste unregelmäßiger Verben

Imperativ	congiuntivo pres.	congiuntivo imp.	Partizip Perfekt	
	debba			*müssen, sollen*
	debba			
	debba			
	dobbiamo			
	dobbiate			
	debbano			
sii (2. Pers. Sing.) sia (Höflichkeitsform) siate (2. Pers. Pl., Höflichkeitsform)	sia sia sia siamo siate siano	fossi · · ·	stato	*sein*
fa' / fai (2. Pers. Sing.) faccia (Höflichkeitsform) fate (2. Pers. Pl., Höflichkeitsform)	faccia faccia faccia facciamo facciate facciano	facessi · · ·	fatto	*machen, tun*
				einschreiben
			letto	*lesen*
				aufrechterhalten
			messo	*stellen, legen*
			mosso	*bewegen*
			nato	*geboren werden*
			offerto	*anbieten*
				erreichen
			perso / perduto	*verlieren*
				erlauben
piaci (2. Pers. Sing.) piaccia (Höflichkeitsform) piacete (2. Pers. Pl., Höflichkeitsform)	piaccia piaccia piaccia piacciamo piacciate piacciano		piaciuto	*gefallen*
			pianto	*weinen*

Liste unregelmäßiger Verben

Grundform	Ind. Präsens	imperfetto	futuro semplice	condizionale pres.
potere**	posso puoi può possiamo potete possono		potrò . . .	potrei . . .
prendere				
produrre	produco produci produce produciamo producete producono	producevo . . .		
ridere				
rimanere*	rimango rimani rimane rimaniamo rimanete rimangono		rimarrò . . .	rimarrei . . .
rispondere				
riuscire* → uscire				
rompere				
salire**	salgo sali sale saliamo salite salgono			
sapere	so sai sa sappiamo sapete sanno		saprò . . .	saprei . . .

Liste unregelmäßiger Verben

Imperativ	congiuntivo pres.	congiuntivo imp.	Partizip Perfekt	
	possa			*können, dürfen*
	possa			
	possa			
	possiamo			
	possiate			
	possano			
			preso	*nehmen*
produci (2. Pers. Sing.) produca (Höflichkeitsform) producete (2. Pers. Pl., Höflichkeitsform)	produca produca produca produciamo produciate producano	producessi · · ·	prodotto	*herstellen*
			riso	*lachen*
rimani (2. Pers. Sing.) rimanga (Höflichkeitsform) rimanete (2. Pers. Pl., Höflichkeitsform)	rimanga rimanga rimanga rimaniamo rimaniate rimangano		rimasto	*bleiben*
			risposto	*antworten*
				gelingen
			rotto	*zerbrechen*
sali (2. Pers. Sing.) salga (Höflichkeitsform) salite (2. Pers. Pl., Höflichkeitsform)	salga salga salga saliamo saliate salgano			*hinaufgehen*
sappi (2. Pers. Sing.) sappia (Höflichkeitsform) sappiate (2. Pers. Pl., Höflichkeitsform)	sappia sappia sappia sappiamo sappiate sappiano			*wissen, können*

Liste unregelmäßiger Verben

Grundform	Ind. Präsens	imperfetto	futuro semplice	condizionale pres.
scegliere	scelgo scegli sceglie scegliamo scegliete scelgono			
scendere**				
scoprire → aprire				
scrivere				
sedere	siedo siedi siede sediamo sedete siedono		siederò · · ·	siederei · · ·
smettere → mettere				
soffrire → offrire				
spegnere	spengo spegni spegne spegniamo spegnete spengono			
stare*	sto stai sta stiamo state stanno		starò · · ·	starei · · ·
succedere*				
tenere	tengo tieni tiene teniamo tenete tengono		terrò · · ·	terrei · · ·

Liste unregelmäßiger Verben

Imperativ	congiuntivo pres.	congiuntivo imp.	Partizip Perfekt	
scegli (2. Pers. Sing.)	scelga		scelto	*auswählen*
	scelga			
scelga (Höflichkeitsform)	scelga			
	scegliamo			
scegliete (2. Pers. Pl., Höflichkeitsform)	scegliate			
	scelgano			
			sceso	*hinuntergehen*
				entdecken
			scritto	*schreiben*
siedi (2. Pers. Sing.)	sieda			*sitzen*
	sieda			
sieda (Höflichkeitsform)	sieda			
	sediamo			
sedete (2. Pers. Pl., Höflichkeitsform)	sediate			
	siedano			
				aufhören
				leiden
spegni (2. Pers. Sing.)	spenga		spento	*auslöschen*
	spenga			
spenga (Höflichkeitsform)	spenga			
	spegniamo			
spegnete (2. Pers. Pl., Höflichkeitsform)	spegniate			
	spengano			
sta' / stai (2. Pers. Sing.)	stia	stessi		*bleiben*
	stia	·		
stia (Höflichkeitsform)	stia	·		
	stiamo	·		
state (2. Pers. Pl., Höflichkeitsform)	stiate			
	stiano			
			successo	*geschehen*
tieni (2. Pers. Sing.)	tenga			*behalten*
	tenga			
tenga (Höflichkeitsform)	tenga			
	teniamo			
tenete (2. Pers. Pl., Höflichkeitsform)	teniate			
	tengano			

Liste unregelmäßiger Verben

Grundform	Ind. Präsens	imperfetto	futuro semplice	condizionale pres.
togliere				
trascorrere				
uccidere → decidere				
uscire*	esco esci esce usciamo uscite escono			
vedere				
venire	vengo vieni viene veniamo venite vengono		verrò · · ·	verrei · · ·
vincere				
vivere			vivrò	vivrei
volere**	voglio vuoi vuole vogliamo volete vogliono		vorrò · · ·	vorrei · · ·

Verben ohne Sternchen werden in den zusammengesetzten Zeiten mit dem Hilfsverb avere konjugiert.
* Verben, die in den zusammengesetzten Zeiten mit dem Hilfsverb essere konjugiert werden.
** Verben, die in den zusammengesetzten Zeiten sowohl mit essere als auch mit avere konjugiert werden.

Liste unregelmäßiger Verben

Imperativ	congiuntivo pres.	congiuntivo imp.	Partizip Perfekt	
			tolto	*wegnehmen*
			trascorso	*verbringen*
				töten
esci (2. Pers. Sing.)	esca			*ausgehen*
	esca			
esca (Höflichkeitsform)	esca			
	usciamo			
uscite (2. Pers. Pl., Höflichkeitsform)	usciate			
	escano			
			visto	*sehen*
vieni (2. Pers. Sing.)	venga		venuto	*kommen*
	venga			
venga (Höflichkeitsform)	venga			
	veniamo			
venite (2. Pers. Pl., Höflichkeitsform)	veniate			
	vengano			
			vinto	*siegen*
			vissuto	*leben*
	voglia			*wollen*
	voglia			
	voglia			
	vogliamo			
	vogliate			
	vogliano			

Register

Die Zahlen verweisen auf das entsprechende Kapitel.

A

a (+ Artikel) 17
aber 63
ABSOLUTER SUPERLATIV 38
ADJEKTIVE
    BELLO UND *BUONO* 14
    ENDUNG AUF *-O/-A* UND *-E* 13
    KOMPARATIV 37
    SUPERLATIV 38
    UNTERSCHIED ZU DEN ADVERBIEN 16
ADVERBIEN
    BILDUNG UND EIGENE FORMEN 15
    UNTERSCHIED ZU DEN ADJEKTIVEN 16
affinché 63
alcuni/-e 41
all- 41
als 37, 63
also 63
altro 41
anche 63
andare 10
andere 41
appena 63
ARTIKEL
    BESTIMMTE ARTIKEL 3, 4
    UNBESTIMMTE ARTIKEL 5
assai 38
auch nicht 28
auch 63
ausgehen 10
avere 6, 29, 33, 34

B

BEDINGUNGSSÄTZE 62
bello 14
bene 15, 16

benissimo 38
bere 10
BESTIMMTE MENGENANGABEN 22
BETONTE DIREKTE OBJEKTPRONOMEN 23
BETONTE INDIREKTE OBJEKTPRONOMEN 24
bevor 63
BINDEWÖRTER 63
bleiben 10
buono 14, 15, 16

C

c'è 7
che
    (= als) 37
    (+ Substantiv) 42
    (als Relativpronomen) 46
che cosa 42
chi 42
ci (als Pronominaladverb) 29
ci sono 7
come
    (= so . . . wie) 37
    (= wie) 42
con 19
CONDIZIONALE PASSATO 50
CONDIZIONALE PRESENTE
    FORMEN 48
    GEBRAUCH 49
CONGIUNTIVO
    GEBRAUCH DES CONGIUNTIVO
    IM ALLGEMEINEN 58
CONGIUNTIVO IMPERFETTO 60
CONGIUNTIVO PASSATO 59
CONGIUNTIVO PRESENTE
    FORMEN 57
    GEBRAUCH 58
CONGIUNTIVO TRAPASSATO 61
cosa 42
cui 46

Register

D

da (+ Artikel) 18, 64
da dove 42
da ist 7
da sind 7
da 63
damit 29, 63
daran 29
darauf 29
dare 10
darüber 30
das 3, 31
    (als Relativpronomen) 46
dato che 63
Datum 21
davon 30
dazu 30
Demonstrativadjektive und -pronomen
    quello 32
    questo 31
Demonstrativadjektive 31, 32
Demonstrativpronomen 31, 32
der 3
    (als Relativpronomen) 46
der / die / das dort 32
deshalb 63
di
    (+ Artikel) 18, 22
    (= als) 37
di dove 42
die 3
    (als Relativpronomen) 46
dieser/-e/-es 31
dire 10
direkte Objektpronomen 23
dort 29
dorthin 29
dove 42
dovere 9, 34, 45

E

e 63
ed 63
ein 5
eine 5
einige 41
erfahren 45
es gibt 7
essere 6, 33, 34, 64

F

fare 10
fra 19
Fragewörter 42
Futur II 55
futuro anteriore 55
futuro semplice 54

G

ganz 41
geben 10
gefallen 26
gehen 10
gelingen 10
Gerundium 56
gli 3
Grundzahlen 20
gut 14, 15, 16

H

haben 6, 29, 33, 34
Hilfsverben 33, 34

I

i 3
il 3
Imperativ
    Imperativ 51
    Stellung der Pronomen 52
    verneinter Imperativ 53

173

Register

IMPERFEKT 43, 44, 45
IMPERFETTO
    FORMEN 43
    GEBRAUCH VON MODALVERBEN, *SAPERE*
      UND *CONOSCERE* 45
    UNTERSCHIED ZUM PASSATO PROSSIMO 44
in (+ Artikel) 17
im Begriff sein, etw. zu tun 56
INDEFINITADJEKTIVE UND -PRONOMEN 41
INDIREKTE OBJEKTPRONOMEN 24

J
jed- 41
jener/-e/-es 32

K
kein/-e 27
kennenlernen 45
kennen 45
kommen 10
KOMPARATIV DER ADJEKTIVE 37
KONJUNKTIONEN 63
KONJUNKTIV IMPERFEKT 48, 49
KONJUNKTIV 57, 58, 59, 60, 61
KONJUNKTIVAUSLÖSER 58
können 9, 34, 45

L
l' 3
la 3
le 3
lo 3
loro (als Possessivadj. u. Pron.) 39, 40

M
ma 63
machen 10
mai 28
male 15

man 12
meglio 37
mehr 28, 37
MEHRFACHE VERNEINUNG 28
meno 37, 38
mentre 63
migliore 37
mio 39, 40
MODALVERBEN 9, 34, 45
mögen 9, 26, 34, 45
MÖGLICHKEITSFORM DER
    VERGANGENHEIT 50
molto
   (= sehr) 38
   (= viel) 41
müssen 9, 34, 45

N
né . . . né 28
ne 30
neanche 28
nein 27
nemmeno 28
nessuno 28
nicht einmal 28
nicht 27
nichts 28
nie 28
niemand 28
niente 28
no 27
non 27
nonostante 63
nostro 39, 40
nulla 28

O
o 63
OBJEKTPRONOMEN 23, 24, 25
obwohl 63

Register

oder 63
ogni 41
oppure 63
ORDNUNGSZAHLEN 20

P

PARTIZIP PERFEKT 33
passato prossimo
  FORMEN 33
  GEBRAUCH VON *AVERE* UND *ESSERE* 34
  GEBRAUCH VON MODALVERBEN, *SAPERE*
    UND *CONOSCERE* 45
  passato prossimo MIT DEN PRONOMEN
    LO, LA, LI, LE, NE 35
  TRANSITIVER / INTRANSITIVER GEBRAUCH
    EINIGER VERBEN 36
  UNTERSCHIED ZUM imperfetto 44
PASSIV 64
peggio 37
peggiore 37
per 19
perché
  (= warum) 42
  (= weil) 63
perciò 63
PERFEKT 33, 34, 35, 36, 44, 45
però 63
PERSONALPRONOMEN
  DIREKTE OBJEKTPRONOMEN 23
  INDIREKTE OBJEKTPRONOMEN 24
  REFLEXIVPRONOMEN 11
  SUBJEKTPRONOMEN 6
  ZUSAMMENGESETZTE OBJEKT-
    PRONOMEN 25
piacciono 26
piace 26
piacere 26
più 28, 37, 38
PLUSQUAMPERFEKT 47

poco 41
POSSESSIVADJEKTIVE MIT VERWANDTSCHAFTS-
  BEZEICHNUNGEN 40
POSSESSIVADJEKTIVE UND -PRONOMEN 39
potere 9, 34, 45
PRÄPOSITIONEN 17, 18, 19
PRÄSENS
  ESSERE und *AVERE* 6
  MODALVERBEN *VOLERE, DOVERE,*
    POTERE UND *SAPERE* 9
  REFLEXIVE / REZIPROKE VERBEN
    (*-ARSI, -ERSI, -IRSI*) 11
  REGELMÄSSIGE VERBEN (*-ARE, -ERE, -IRE*) 8
  UNREGELMÄSSIGE VERBEN 10
prima che 63
PRONOMINALADVERBIEN 29, 30
pure 63

Q

qualche 41
quale 42
  (als Relativpronomen) 46
quando
  (= wann) 42
  (= wenn) 63
quanto
  (= so . . . wie) 37
quanto/-a/-i/-e 42
quello 32
questo 31
quindi 63

R

REFLEXIVE VERBEN 11, 34
REFLEXIVPRONOMEN 11
REGELMÄSSIGE VERBEN (*-ARE, ERE, -IRE*) 8
RELATIVER SUPERLATIV 38
RELATIVPRONOMEN 46
REZIPROKE VERBEN 11, 34

Register

rimanere 10
riuscire 10

S
sagen 10
sapere 9, 45
scegliere 10
schlecht 15
schön 14
se 62
sebbene 63
sedere 10
sehr 38
sein 6, 33, 34, 64
si (= man) 12
sia . . . sia / che 63
siccome 63
SI-KONSTRUKTION 12
sitzen 10
so . . . wie 37
sobald 63
sollen 9, 34, 45
sowohl . . . als auch 63
STARE + GERUNDIUM 56
STARE PER + INFINITV 56
stare 10, 56
su (+ Artikel) 19
SUBJEKTPRONOMEN 6
SUBSTANTIVE
   BESONDERHEITEN VON GENUS
     UND PLURALBILDUNG 2
   ENDUNG AUF -O, -A, -E 1
suo 39, 40
SUPERLATIV DER ADJEKTIVE 38
   ABSOLUTER SUPERLATIV 38
   RELATIVER SUPERLATIV 38

T
tanto 41
TEILUNGSARTIKEL 22

tra 19
TRAPASSATO PROSSIMO 47
trinken 10
troppo 41
tun 10
tuo 39, 40
tutto/-a/-i/-e 41

U
UHRZEIT 21
un 5
un' 5
una 5
UNBESTIMMTE ARTIKEL 5
UNBESTIMMTE MENGENANGABEN 22
UNBETONTE DIREKTE OBJEKTPRONOMEN 23
UNBETONTE INDIREKTE OBJEKT-
   PRONOMEN 24
und 63
uno (als Artikel) 5
UNREGELMÄSSIGE
   VERBEN 10, 43, 48, 51, 54, 57, 60
   S. AUCH LISTE S. 162 ff.
uscire 10

V
venire 10, 64
VERLAUFSFORM 56
VERNEINTER IMPERATIV 53
VERNEINUNG
   MEHRFACHE VERNEINUNG 28
   VERNEINUNG 27
viel 41
volere 9, 34, 45
VORVERGANGENHEIT 47
vostro 39, 40

W
wählen 10
während 63

Register

wann 42

warum 42

was für ein/-e 42

weder . . . noch 28

weil 63

welcher/-e/-es 42

wen 42

wenig 41

weniger 37

wenn 62, 63

wer 42

wie viel 42

wie 42

wissen 9, 45

wo 42

woher 42

wohin 42

wollen 9, 34, 45

WÜRDE + INFINITIV 48, 49

Z

ZAHLEN

   GRUND- UND ORDNUNGSZAHLEN 20

zu viel 41

ZUKUNFTSFORM 54

ZUSAMMENGESETZTE OBJEKTPRONOMEN 25

Glossar

In dieser Vokabelliste finden Sie die Übersetzungen der auf den Übungsseiten vorkommenden italienischen Wörter. Die deutschen Übersetzungen entsprechen dem Kontext, in dem die Wörter in den Übungen verwendet werden. Bei einigen Wörtern mit Mehrfachbedeutung ist die entsprechende Fundstelle in Klammern angegeben, z. B. (**6** 2), wobei die fett gedruckte Zahl auf das jeweilige Kapitel verweist und die darauf folgende Ziffer die Übungsnummer angibt.

Außerdem werden folgende Abkürzungen und Symbole verwendet:

m.	maskulin	→	siehe
f. (bei Substantiven)	feminin	*K*	Kapitel
		S.	Seite
Sg.	Singular	*T*	Test
Pl.	Plural	*f.* (bei Seitenangaben)	und folgende Seite
Adj.	Adjektiv		
Adv.	Adverb	*ff.*	und folgende Seiten
Part. Perf.	Partizip Perfekt	*ital.*	italienisch

A

a (→ *K* 17)	am; an; auf; bis; in; nach; um; zu; *Angabe des indirekten Objekts*
abbaiare	bellen
abbastanza	genug
abbigliamento	Bekleidung
abitare	wohnen
abito	Kleid
accadere	geschehen, sich ereignen
accanto	nebenan
accendere (→ *S.* 162 *f.*)	einschalten
accettare	annehmen
accomodarsi	es sich bequem machen
accompagnare	begleiten
accorciare	kürzen
accorgersi (*Part. Perf.* accorto)	merken, bemerken
aceto	Essig
acqua	Wasser
acqua minerale	Mineralwasser
ad	*siehe* a
addormentarsi	einschlafen
adesso	jetzt, nun
adorare	(besonders) lieben
Adriano Celentano	*ital. Sänger*

adulto	Erwachsener
da adulti	wie Erwachsene
aereo	Flugzeug
aeroporto	Flughafen
affare (*m.*)	Geschäft
per affari	geschäftlich
affettare	in Scheiben schneiden
affettuoso	liebevoll, herzlich
affinché (→ *K* 63)	damit
affitto	Miete
Africa	Afrika
agenda	Notizbuch
agente immobiliare	Makler
agenzia	Reisebüro
agire (*-isc-*)	handeln
aglio	Knoblauch
agosto	August
aiutare	helfen
aiuto	Hilfe
alba	Morgengrauen
albergo	Hotel
albero	Baum
albicocca	Aprikose
alcolico	alkoholhaltiges Getränk
alcuni (→ *K* 41)	einige
allora	also, dann

Glossar

almeno — mindestens, zumindest

Alpi *(f. Pl.)* — Alpen

alto — groß (**13** 3, **37** 3, **38** 3);
hoch (**23** 4, **26** 2, **38** 1, **46** 3, **53** 4)

altrimenti — sonst

altro *(→ K 41)* — (etwas) anderes; anderer, -e, -es; noch einer, -e, es (**18** 2, **30** 1, **30** 2)

   un altro po' (di) — noch ein bisschen

alzarsi — aufstehen

amare — lieben

amaro — bitter

americano — Amerikaner (**6** 4, **18** 3); amerikanisch (**9** 3, T5)

amica — Freundin

amico — Freund

   essere molto amico — gut befreundet sein

ammalarsi — krank werden

amore *(m.)* — Liebe

   amore! — Liebling!

analisi *(f.)* — Untersuchung

ananas *(m.)* — Ananas

anatra — Ente

anche *(→ K 63)* — auch

ancora — noch

andare *(→ K 10, S. 162 f.)* — gehen; fahren; fliegen

   andare a trovare — besuchen

   andare bene — gut laufen, gut gehen

   andare d'accordo — sich vertragen

   andare via — weggehen; ausgehen (**63** 2)

   com'è andato? — wie ist es gelaufen?

   ti va (di) …? — hast du Lust (zu) …?, magst du …?

angolo — Ecke

anice *(m.)* — Anis

animale *(m.)* — Tier

anno — Jahr

   all'anno — im Jahr

annoiarsi — sich langweilen

anticipo — Voraus

   con molto anticipo — weit im Voraus

antico — alt

antipasto — Vorspeise

antiquariato — Antiquitätenhandel

anzi — besser

anziano — alt

aperitivo — Aperitif

apertamente *(Adv.)* — klar, deutlich

aperto — offen

appartamento — Wohnung, Apartment

appartenere — gehören

appena *(→ K 63)* — sobald, sofort nachdem; gerade (erst) (**33** 3, **45** 1, **47** 2, **52** 4)

appoggio — Unterstützung

appuntamento — Termin

appunto — eben, genau

aprire *(→ S. 162 f. / Part. Perf. aperto)* — öffnen; eröffnen (**56** 2)

arancia — Orange

aranciata — Orangenlimonade

argento — Silber

argomento — Thema

armadio — Schrank

arrabbiarsi — wütend werden

arrabbiato — wütend

   essere arrabbiato (con qualcuno) — (auf jemanden) wütend sein

arrestare — verhaften

arrivare — (an)kommen

arrivo — Ankunft

arrosto — Braten

articolo — Artikel *(Zeitung)*

artista *(m. + f.)* — Künstler(in)

ascensore *(m.)* — Aufzug, Lift

asciugacapelli *(m. Sg.)* — Haartrockner

asciugamano — Handtuch

ascoltare *(m.)* — hören, zuhören

asinello — Eselchen

aspettare — warten (auf); erwarten

aspettarsi — etwas erwarten

aspetto — Aussehen

   avere l'aspetto triste/infelice — traurig/unglücklich aussehen

assaggiare — probieren

   fare assaggiare — probieren lassen

assai *(→ K 38)* — sehr

assolutamente *(Adv.)* — unbedingt

Atene — Athen

atteggiamento — Verhalten

Glossar

attento	achtsam; Vorsicht! (T4)
stare attento	achtgeben
attenzione!	Achtung!
attimo	Augenblick
attraverso	mithilfe von
attrice *(f.)*	Schauspielerin
volere fare l'attrice	Schauspielerin werden wollen
attuale	aktuell
augurarsi	sich wünschen
auguri! *(m. Pl.)*	Glückwunsch!, Gratulation!
augurio	Glückwunsch
aumentare	erhöhen (**36** 2); steigen (**36** 3, **61** 2); teurer werden (**36** 4)
aumento	Gehaltserhöhung
Australia	Australien
Austria	Österreich
auto *(f.)*	Auto
autobus *(m.)*	Bus
autunno	Herbst
avanti!	los!
avere *(→ K 6, S. 162 f.)*	haben
avere … anni	… Jahre alt sein
avocado	Avocado
avventura	Abenteuer
avvertire	benachrichtigen
avvisare	benachrichtigen
avvocato	Anwalt
azzurro	blau

B

babà *(m.)*	*neapolitanischer Kuchen*
baby-sitter *(m. + f.)*	Babysitter(in)
bagno	Bad
balcone *(m.)*	Balkon
ballare	tanzen
balletto	Ballett
ballo	Ball *(Tanzveranstaltung)*
ballo in maschera	Maskenball
bambina	Mädchen, Kind
bambino	Kind
da bambino	als Kind
bambola	Puppe
bambola di pezza	Stoffpuppe
banca	Bank *(Geldinstitut)*
bar *(m.)*	Café, Lokal

barattolo	Dose
barca	Boot
Barcellona	Barcelona
Baricco (Alessandro)	*ital. Schriftsteller*
barzelletta	Witz
basket *(m.)*	Basketball *(Sportart)*
basso	klein
basta!	genug!, Schluss!
batteria	Schlagzeug
beh	nun, also
bellezza	Schönheit
bellissimo *(→ K 38)*	sehr schön
bello	schön
che bello!	wie schön!
bene *(Adv. / → K 15)*	gut
stare bene	gut gehen *(im Sinne von es geht … gut)*; gut stehen *(Kleidung)* (**50** 2)
va bene!	gut!, alles klar!
Benigni (Roberto)	*ital. Schauspieler und Regisseur*
benissimo *(Adv. / → K 38)*	sehr gut
benzina	Benzin
bere *(→ K 10, S. 162 f. / Part. Perf. bevuto)*	trinken
Berlino	Berlin
Berna	Bern
bevanda	Getränk
biancheria	Wäsche
bianco	weiß; Weiß *(Farbe)* (**4** 3)
bibita	Getränk
biblioteca	Bibliothek
biblioteca specializzata	Fachbibliothek
bicchiere *(m.)*	Glas
bicicletta	Fahrrad
biglietto	Eintrittskarte, Fahrkarte (**24** 1); Flugticket (**35** 2, **45** 3)
biologico	biologisch, Bio-
biondo	blond
birra	Bier
biscotto	Keks
bisogno	Bedarf
avere bisogno (di)	brauchen, benötigen

180

Glossar

blu	blau
bolletta	Rechnung
borsa	Tasche
borsa della spesa	Einkaufstasche
borsa di studio	Stipendium
bosco	Wald
bottiglia	Flasche
boxe *(f.)*	Boxen *(Sportart)*
boxer *(m.)*	Boxer
bravo	gut, tüchtig; brav (**62** 1)
fare il bravo	brav sein
Brennero	Brenner
breve	kurz
bronchite *(f.)*	Bronchitis
brutto	häßlich
bucato	durchlöchert
buffet *(m.)*	Buffet
bugia	Lüge
dire bugie	lügen
buonasera	guten Abend
buongiorno	guten Tag
buono (→ *K 14*)	gut
burro	Butter
busta	Umschlag
busta da lettera	Briefumschlag

C

cadere (→ *S. 162 f.*)	fallen
caffè *(m.)*	Kaffee
caffè corretto	*Kaffee mit einem Schuß Alkohol*
calcio	Fußball *(Sportart)*
caldo	warm, heiß; Hitze (**9** 4, **36** 4)
che caldo!	was für eine Hitze!
fa caldo	es ist warm/heiß
ho caldo	mir ist warm
calice *(m.)*	Kelch
a calice	kelchförmig
cambiare	wechseln; (sich) verändern (**36** 1)
cambiare casa	umziehen *(in eine andere Wohnung)*
cambiare idea	die Meinung ändern
camera	Zimmer
camera doppia	Doppelzimmer
cameriera	Kellnerin

cameriere *(m.)*	Kellner
camicia	Hemd
camminare	gehen, laufen
campagna	Land
in campagna	auf dem Land
Campania	Kampanien *(ital. Region)*
cane *(m.)*	Hund
cantante *(m. + f.)*	Sänger(in)
cantare	singen
cantina	Keller
canzone *(f.)*	Lied
capelli *(m. Pl.)*	Haare
capire *(-isc-)*	verstehen
capitale *(f.)*	Hauptstadt
Capodanno	Neujahr
cappello	Hut
cappotto	Mantel
cappuccino	*Kaffee mit aufgeschäumter Milch*
Capri	*ital. Mittelmeerinsel*
capriccio	Laune
fare i capricci	bockig sein
Caraibi *(m. Pl.)*	Karibik
carciofo	Artischocke
carino	hübsch
carne *(f.)*	Fleisch
carne di maiale	Schweinefleisch
Carnevale *(m.)*	Fasching, Karneval
caro	teuer; Liebster (**48** 3, **52** 3)
carota	Karotte
carriera	Karriere
carriera militare	Militärlaufbahn
carta	Karte; Papier (**29** 1)
carta di credito	Kreditkarte
cartoleria	Schreibwarengeschäft
casa	Haus
a casa	zu Hause; nach Hause
casinò	Spielcasino
caso	Zufall
per caso	zufällig
cassa	Kiste
CD *(m.)*	CD
c'è (→ *K 7*)	es gibt, da ist
cellulare *(m.)*	Mobiltelefon, Handy
cena	Abendessen
a cena	zum Abendessen

Glossar

cenare	zu Abend essen
cenare fuori	auswärts essen
centrale	zentral gelegen
centro	(Stadt)zentrum
centro di estetica	Schönheitssalon
cercare	suchen; versuchen (**49** 1, **54** 3)
certo *(Adv.)*	sicher, gewiss
cesta	Korb
chattare	chatten
che *(bei Vergleichen / → K 37)*	als
che *(Konjunktion)*	dass
che *(Relativpronomen / → K 46)*	der, die, das
che …! *(+ Substantiv / Adjektiv)*	wie …!, was für …!
che bello!	wie schön!
che? *(+ Substantiv / → K 42)*	was für ein?, welcher?
che ora è/ore sono?	wie spät ist es?
che (cosa)? *(→ K 42)*	was?
chi? *(→ K 42)*	wer?
chiamare	(an)rufen
chiamarsi	heißen, sich nennen
chiave *(f.)*	Schlüssel
chiedere *(→ S. 162 f. / Part. Perf. chiesto)*	bitten; fragen
chiedere il permesso	um Erlaubnis bitten
chiesa	Kirche
chilo	Kilo
chitarra	Gitarre
chiudere *(→ S. 162 f. / Part. Perf. chiuso)*	schließen; einsperren (**44** 1)
chiudere a chiave	absperren
chiuso	geschlossen
ci *(→ K 29)*	dort; dorthin; daran; damit; darauf
ci sono *(→ K 7)*	es gibt, da sind
ci *(→ K 23, 24)*	uns
ciao	hallo
ciclismo	Radsport
cinema *(m.)*	Kino
cinese	chinesisch
cinque	fünf
cioccolata	Schokolade
cioccolatino	Praline
circo	Zirkus
città	Stadt
classe *(f.)*	Klasse
classico	klassisch
clementina	Mandarine, Clementine
cliente *(m. + f.)*	Kunde, Kundin
clinica	Klinik
cocktail *(m.)*	Cocktail
cognac *(m.)*	Kognak
colazione *(f.)*	Frühstück
fare colazione	frühstücken
collana	Halskette
collega *(m. + f.)*	Kollege, Kollegin
colorato	farbig, bunt
colore *(m.)*	Farbe
Colosseo	Kolosseum
colpevole *(m. + f.)*	Schuldiger, Schuldige
coltello	Messer
come *(→ K 37)*	wie
come al solito	wie gewöhnlich
come? *(→ K 42)*	wie?
come mai?	wieso?
come sta?	wie geht es Ihnen?
come stai?	wie geht es dir?
come va?	wie geht's?
cominciare	anfangen, beginnen
commissione *(f.)*	Besorgung
comodo	bequem
compagnia	Gesellschaft
stare in compagnia	in Gesellschaft sein
compagno di scuola	Schulkamerad
compere *(f. Pl.)*	Einkäufe
compiere	vollenden
quanti anni compi?	wie alt wirst du?
compiti *(m. Pl.)*	Hausaufgaben
compito in classe	Klassenarbeit
compleanno	Geburtstag
completamente *(Adv.)*	völlig
completare	zu Ende bringen, beenden
complicato	kompliziert
complimento	Kompliment
comportarsi	sich benehmen, sich verhalten
comprare	kaufen
comprarsi	sich kaufen
computer *(m.)*	Computer
comunque	wie auch immer, jedenfalls

Glossar

con (→ K 19)	mit
concerto	Konzert
concludere	abschließen
concludere un affare	ein Geschäft zum Abschluss bringen
concorso	Wettbewerb
congresso	Tagung
conoscere (→ K 45)	kennen; kennenlernen
conoscersi (→ K 45)	sich kennen(lernen)
consegnare	(ab)liefern, übergeben
consigliare	raten, empfehlen
consiglio	Ratschlag
contare (su)	zählen (auf)
contento (di)	zufrieden (mit)
conto	Rechnung
contratto	Vertrag
convinto	überzeugt
coperta	Decke
coraggio	Mut
cornetto	Hörnchen, Croissant
correre	rasen
corretto	mit einem Schuß Alkohol
Corriere (m.) della Sera	ital. Tageszeitung
corso	Kurs
corso di cucina	Kochkurs
corso di lingua	Sprachkurs
cortesemente (Adv.)	freundlicherweise
cortesia	Freundlichkeit
per cortesia	bitte
cosa	Ding, Sache; Speise (33 3, 51 3)
un'altra cosa	etwas anderes
cosa? (→ K 42)	was?
così	so
costare	kosten
costoso	kostspielig, teuer
costruirsi (-isc-)	sich (etwas) bauen
costume (m.)	Badeanzug
cotone (m.)	Baumwolle
cow-boy (m.)	Cowboy
cravatta	Krawatte
credere (in, a)	glauben (an)
credo di no	ich glaube nicht
credito	Kredit
crema	Sahne
crescere	wachsen
critico	Kritiker

cucina	Küche
cucinare	kochen
cucire	nähen
cugina	Cousine
cuginetto	kleiner Cousin
cugino	Cousin
cui (→ K 46)	der, die, das (Relativpronomen)
cuocere al forno (Part. Perf. cotto)	im Ofen backen
cuoco	Koch
cuore (m.)	Herz
curare	sich kümmern um
curato	gepflegt
cuscino	Kissen

D

da (→ K 18)	als; bei; aus; seit; von; zu
d'accordo	einverstanden
andare d'accordo	sich vertragen
dai!	los!
dama	Damespiel
dare (→ K 10, S. 162 f.)	geben
dare una mano	helfen
dato che	da, weil
davanti a	vor (örtlich)
davvero?	wirklich?
de Chirico (Giorgio)	ital. Maler
debolmente (Adv.)	schwach
decidere (→ S. 162 f. / Part. Perf. deciso)	entscheiden, beschließen
decisione (f.)	Entscheidung
definitivo	endgültig
deludere (Part. Perf. deluso)	enttäuschen
dente (m.)	Zahn
dentista (m. + f.)	Zahnarzt, -ärztin
dentro	innen
depresso	deprimiert
desiderare	wünschen
destino	Schicksal
di (→ K 18, 22, 37)	von; aus; zu; Teilungsartikel; als
dieci	zehn
dieta	Diät
essere a dieta	auf Diät sein

183

Glossar

dietologo	Ernährungsberater
difficile	schwierig
dimagrire *(-isc-)*	abnehmen
dimenticare	vergessen
diminuire *(-isc-)*	abnehmen, nachlassen (**36** 2, **36** 4); sinken (**36** 3)
Dio	Gott
dipendente *(m. + f.)*	Angestellter, Angestellte
dipingere *(→ S. 162 f. /* *Part. Perf.* dipinto)	malen
diploma *(m.)*	Diplom, Zeugnis
dire *(→ K 10, S. 162 f. /* *Part. Perf.* detto)	sagen; sprechen
che ne dite?	was haltet ihr davon?
direttamente *(Adv.)*	direkt
direttore *(m.)*	(Herr) Direktor
discoteca	Disco
disordine *(m.)*	Unordnung
disperato	verzweifelt
dispiacere	leidtun; missfallen (**24** 2); stören (**49** 1)
mi dispiace	es tut mir leid
disturbare	stören
ditta	Firma
divano	Sofa
diventare	werden
diverso	verschieden, anders
qualcosa di diverso	etwas anderes
divertente	lustig
divertirsi	sich amüsieren
divorziare	sich scheiden lassen
doccia	Dusche
fare la doccia	(sich) duschen
documenti *(m. Pl.)*	Unterlagen
dolce *(m.)*	Kuchen
dolce	süß
Dolce e Gabbana	*ital. Modeschöpfer*
dolci *(m. Pl.)*	Süßigkeiten
Dolomiti *(f. Pl.)*	Dolomiten
domanda	Frage
domani	morgen
domenica	Sonntag
la domenica	am Sonntag, sonntags
domestica	Dienstmädchen, Putzfrau
donna	Frau

dopo	nach; danach (**9** 2, **44** 1); später (**58** 1)
dopo che	nachdem
doppio	doppelt, Doppel-
dormire	schlafen; übernachten (**18** 2, **48** 4, T4)
dottor(e) *(m.)*	(Herr) Doktor
dottoressa	Frau Doktor
dove? *(→ K 42)*	wo?; wohin?
da/di dove?	woher?
dovere *(→ K 9, S. 164 f.)*	müssen, sollen
dramma *(m.)*	Drama, Schauspiel
due	zwei
duemila	zweitausend
dunque	also
durante	während
duro	hart

E

e *(→ K 63)*	und
eccellente	hervorragend
eccezionale	einmalig
eccitante	aufregend
eccitato	aufgeregt
economico	günstig
ed *(→ K 63)*	und
edicola	Kiosk
edificio	Gebäude
ehi!	he! *(Ausruf)*
elegante	elegant
elementare	Grund-
elezione *(f.)*	Wahl
elicottero	Helikopter
e-mail *(f.)*	E-Mail
emozione *(f.)*	Gefühl, Emotion
entrare	eintreten, hereinkommen
entrare in macchina	ins Auto steigen
Epifania	Fest der Heiligen Drei Könige
eppure	dennoch, trotzdem
ereditare	erben
errore *(m.)*	Fehler, Irrtum
esagerare	übertreiben
esame *(m.)*	Prüfung
esame di guida	Führerscheinprüfung
escursione *(f.)*	Ausflug

184

Glossar

esercizio	Übung
esibire (-isc-)	zur Schau stellen, zeigen
esposizione (f.)	Ausstellung
esserci (→ K 7)	da sein, geben
c'è	es gibt, da ist
ci sono	es gibt, da sind
essere (→ K 6, 64, S. 164 f. / Part. Perf. stato)	sein; werden
estate (f.)	Sommer
estero	Ausland
estetica	Schönheit
estivo	sommerlich, Sommer-
etichetta	Etikett
Etna (m.)	Ätna (Vulkan auf Sizilien)
etto	100 Gramm
euro	Euro
Europa	Europa
evitare	vermeiden

F

fa	vor (zeitlich)
due settimane fa	vor zwei Wochen
faccia	Gesicht
che brutta faccia!	wie siehst du denn aus!
fame (f.)	Hunger
venire fame	Hunger bekommen
famiglia	Familie
famoso	berühmt
fantascienza	Science Fiction
fantasia	Fantasie
fantastico	fantastisch
farcela	etwas schaffen
non ce la faccio	ich schaffe es nicht
fare (→ K 10, S. 164 f. / Part. Perf. fatto)	machen, tun; ablegen (Prüfung); werden
fare caldo	warm sein
fare colazione	frühstücken
fare freddo	kalt sein
fare la doccia	duschen
fare la spesa	einkaufen
fare la valigia	den Koffer packen
fare sapere	wissen lassen
fare vedere	zeigen
molto da fare	viel zu tun
farina	Mehl
farmacia	Apotheke

farmacista (m. + f.)	Apotheker(in)
fatalista	Fatalist
fatica	Mühe, Anstrengung
che fatica!	wie anstrengend!
favola	Märchen
favore (m.)	Gefallen
per favore	bitte
fazzoletto	Taschentuch
febbre (f.)	Fieber
felice	glücklich
Fellini (Federico)	ital. Regisseur
fermata	Haltestelle
fermo	stehend (Fahrzeug)
feroce	wild
festa	Fest, Party; Feiertag (21 1)
festa dei lavoratori	Tag der Arbeit
festa del papà	Vatertag
festeggiare	feiern
festival di Sanremo	bekanntester Schlagerwettbewerb Italiens
fetta	Stück
fidanzarsi	sich verloben
fidanzata	Verlobte; feste Freundin
fidanzato	Verlobter; fester Freund
fiera	Messe (Handel)
fiero	stolz
figli (m. Pl.)	Kinder
figlia	Tochter
figlio	Sohn
fila	Schlange
fare la fila	anstehen
film (m.)	Film
film d'amore	Liebesfilm
finale (f.)	Finale, Endspiel
finalmente (Adv.)	endlich
fine (f.)	Ende
alla fine	am Ende
fine settimana (m.)	Wochenende
il fine settimana	am Wochenende
finestra	Fenster
finire (-isc-)	aufhören, (be)enden, fertig sein, zu Ende machen/sein; aufbrauchen (35 1)
fino a	bis
fino a tardi	bis spätabends (10 4); sehr lange (T1)

185

Glossar

fiore *(m.)*	Blume
a fiori	geblümt
firmare	unterschreiben
fissare	ausmachen *(Termin)*
fiume *(m.)*	Fluß
fondo	Hintergrund
(lì) in fondo	(dort) hinten
fontana	Brunnen
formaggio	Käse
Formula 1	Formel 1
forno	Backofen
forse	vielleicht
forte	stark
fortuna	Glück
per fortuna	zum Glück
fortunato	glücklich
essere fortunato	Glück haben
foto *(f.)*	Foto
fotografare	fotografieren
fra *(→ K 19)*	zwischen; in *(zeitlich)*
fragola	Erdbeere
francese *(m. + f.)*	Französisch *(Sprache)*;
	Franzose, Französin (**6** 3)
Francia	Frankreich
francobollo	Briefmarke
fratelli *(m. Pl.)*	Geschwister
fratellino	Brüderchen
fratello	Bruder
freddo	kalt
che freddo!	was für eine Kälte!
fa freddo	es ist kalt
frequentare	besuchen; verkehren mit
	(**58** 2)
fresco	frisch
fretta	Eile
avere fretta	es eilig haben
frigorifero	Kühlschrank
fronte	Vorderseite
di fronte (a)	gegenüber
frutta	Obst
frutti di mare	Meeresfrüchte
fruttivendolo	Obsthändler
fumare	rauchen
fungo	Pilz
funzionare	funktionieren
fuori	auswärts
furbo	schlau

G

gara	Wettkampf
gatto	Katze
gatto siamese	Siamkatze
gelato	Speiseeis
gelato al caffè	Eis mit Kaffeegeschmack
gelato al limone	Zitroneneis
geloso	eifersüchtig
generale	allgemein, generell
genere *(m.)*	Art
genere musicale	Musikrichtung
in genere	im Allgemeinen,
	normalerweise
genitori *(m. Pl.)*	Eltern
gennaio	Januar
gente *(f. Sg.)*	Leute
gentile	nett, freundlich
Germania	Deutschland
già	schon
giacca	Jacke
giapponese *(m.)*	Japanisch *(Sprache)*
giardinaggio	Gartenarbeit
giardino	Garten
Ginevra	Genf
ginnastica	Gymnastik
giocare	spielen
giocare a calcio	Fußball spielen
giocattolo	Spielzeug
gioco	Spiel
gioiello	Juwel, Schmuckstück
giornalaio	Zeitungsverkäufer
giornale *(m.)*	Zeitung
giornalista *(m. + f.)*	Journalist(in)
giornata	Tag *(Verlauf)*
giorno	Tag
al giorno	am Tag
giovane *(m. + f.)*	Jugendlicher, Jugendliche
da giovane	als Jugendliche(r), als
	ich jung war
giovane *(Adj.)*	jung
giovedì *(m.)*	Donnerstag
giro	Bummel (**49** 1); Rundreise
	(**50** 1, T4)
giro del mondo	Weltreise
gita	Ausflug
giù	runter
giusto	richtig

Glossar

gli (→ K 3, 4, 24, 25)	die; ihm; ihnen
gnocchi (al pesto) (m. Pl.)	ital. Kartoffelklößchen (mit Basilikumsoße)
gonna	Rock
Gran Premio	Großer Preis, Grand Prix
grande	groß; alt (37 3)
da grande	wenn er/sie groß ist
gratis	kostenlos
grazie	danke
Grecia	Griechenland
gridare	schreien
guadagnare	verdienen
guaio	Unglück, Ärger
essere nei guai	in der Klemme sein
guanto	Handschuh
guardare	(an)sehen, (an)schauen
guardare la TV	fernsehen
guidare	(Auto) fahren

I

i (→ K 3, 4)	die
idea	Idee
idraulico	Klempner
ieri	gestern
l'altro ieri	vorgestern
il (→ K 3, 4)	der
immaginare	sich (etwas) vorstellen
imparare	lernen
impegnarsi	sich engagieren
impegno	Verpflichtung
impermeabile (m.)	Regenmantel
importante	wichtig
improvvisamente (Adv.)	plötzlich
improvviso	plötzlich
in (→ K 17)	auf; in; nach; mit
inaugurare	einweihen
incidente (m.)	Unfall
incinta	schwanger
incontrare	treffen
incontrarsi	sich treffen
incontro	Treffen
incredibile	unglaublich
indirizzo (e-mail)	(E-Mail-)Adresse
indossare	anziehen
industria	Industrie
infatti	tatsächlich, in der Tat

infelice	unglücklich
informazione (f.)	Information, Auskunft
ingegner(e) (m.)	Ingenieur; Herr Ingenieur (53 2)
Inghilterra	England
inglese (m.)	Englisch (Sprache); Engländer (39 3)
ingrassare	dick werden, zunehmen
iniziare	beginnen
innaffiare	gießen
innamorarsi	sich verlieben
insalata	Salat
insegnante (m. + f.)	Lehrer(in)
insegnare	beibringen
insieme (a)	zusammen (mit)
insistere (tanto)	(unbedingt) auf etwas bestehen
insopportabile	unerträglich
intelligente	intelligent
interessante	interessant
interessare	interessieren
introduzione (f.)	Einführung
inutile	unnütz
inventare	erfinden
invitare	einladen
invito	Einladung
io (→ K 6)	ich
irritare	ärgern
Ischia	ital. Mittelmeerinsel
iscriversi (→ S. 164 f. / Part. Perf. iscritto)	sich einschreiben, sich anmelden
isola	Insel
istintivamente (Adv.)	instinktiv
Italia	Italien
italiana	Italienerin
italiano	Italienisch (Sprache); Italiener (T1, 27 4); italienisch (13 4, T2, 38 1)

J

jogging (m.)	Jogging
fare jogging	joggen
Juve (Juventus) (f.)	Juventus Turin (Fußballverein)

187

Glossar

K

Krizia	*ital. Designerlabel*

L

la (l') *(→ K 4, 5, 23, 25)*	die; sie
La *(→ K 23)*	Sie *(Höflichkeitsform)*
là	dort
ladro	Dieb
lago	See
lampada	Lampe
lana	Wolle
largo	breit
lasagne *(f. Pl.)*	Lasagne *(ital. Teigspeise)*
lasciare	lassen; verlassen (**47** 3, **64** 2); aufgeben (**54** 4)
lasciarsi	sich trennen
latino	Latein
lato	Seite
dall'altro lato	auf der anderen Seite
latte *(m.)*	Milch
lavanderia	Wäscherei
lavare	(ab)waschen
lavarsi	sich waschen
lavastoviglie *(f.)*	Geschirrspülmaschine
lavatrice *(f.)*	Waschmaschine
lavorare	arbeiten
lavorare in proprio	selbstständig arbeiten
lavoratore *(m.)*	Arbeiter
lavoro	Arbeit
le *(→ K 4, 5, 23, 24, 25)*	die; sie; ihr
Le *(→ K 24)*	Ihnen *(Höflichkeitsform)*
legale	Rechtsanwalts-
leggere *(→ S. 164 f. / Part. Perf.* letto*)*	lesen
leggero	leicht
lego®	Lego®
lei *(→ K 6, 23, 24)*	sie
a lei	ihr
Lei *(→ K 6, 23, 24)*	Sie *(Höflichkeitsform)*
a Lei	Ihnen *(Höflichkeitsform)*
lente *(f.)* a contatto	Kontaktlinse
lento	langsam
lettera	Brief
letto	Bett
lettore DVD *(m.)*	DVD-Player
lezione *(f.)*	Unterrichtsstunde
lì	dort

li *(→ K 23, 25)*	sie
libero	frei
libro	Buch
libro di ricette	Kochbuch
licenziarsi	kündigen
liceo	Gymnasium
Liguria	Ligurien *(ital. Region)*
limone *(m.)*	Zitrone
lingua	Sprache
lino	Leinen
liquore *(m.)*	Likör
Lisbona	Lissabon
litigare	streiten
litro	Liter
lo *(→ K 3, 4, 23, 25)*	der, das; es; ihn
Londra	London
lontano	weit (entfernt)
loro *(→ K 6, 23, 24, 39, 40)*	sie; ihr, ihre
a loro	ihnen
lotteria	Lotterie
lotto	Lotto, Lotterie
luce *(f.)*	Licht
luglio	Juli
lui *(→ K 6, 23, 24)*	er; ihn
a lui	ihm
luna di miele	Flitterwochen
lunedì *(m.)*	Montag
lungo	lang
a lungo	lange
più a lungo	länger
lungomare *(m.)*	Strandpromenade

M

ma *(→ K 63)*	aber
macchia	Fleck
macchina	Auto
macchina da scrivere	Schreibmaschine
macchina fotografica	Fotoapparat
macelleria	Metzgerei
madre *(f.)*	Mutter
maggio	Mai
maglione *(m.)*	Pullover
magro	dünn, schlank

Glossar

mai (→ K 28)	
come mai?	wieso?
mai più	nie mehr, nie wieder
maiale (m.)	Schwein
malato	krank
mal(e) (m.)	Schmerz
mal di denti/	Zahn-/Rücken-/Kopf-
schiena/testa	schmerzen
male (Adv.)	schlecht , böse
fare male	schlecht bekommen
	(41 4); weh tun (53 4)
farsi male	sich wehtun
maleducato	ungezogen
malvolentieri	ungern
mamma	Mama
mamma mia!	meine Güte!
mancare	fehlen
mancia	Trinkgeld
mandare	senden, schicken
mangiare	essen
mano (f., Pl. le mani)	Hand
dare una mano	helfen
mantenere (→ S. 164 f.)	(er)halten
mare (m.)	Meer
Mare Mediterraneo	Mittelmeer
marito	(Ehe)mann
marmellata	Marmelade
marrone	braun
martedì (m.)	Dienstag
maschera	Maske
massaggio	Massage
master (m.)	Masterstudium
matematica	Mathematik
matita	Bleistift
matrimonio	Hochzeit
mattina	Vormittag; Morgen
la mattina	morgens
mattino	Morgen
me (→ K 23, 24, 25)	mich
a me	mir
meccanico	Automechaniker
andare dal mecca-	in die Werkstatt fahren
nico	
medicina	Medizin
medico (m.)	Arzt, Ärztin
Mediterraneo	Mittelmeer
meglio (→ K 37)	besser

nie; je (59 4)	
wieso?	
nie mehr, nie wieder	

mela	Apfel
meno (→ K 37, 38)	weniger; vor (Uhrzeit)
	(21 1, 21 2, 21 3, T2)
di meno	weniger
il meno grande	der Kleinste
meno grande	kleiner
mensa	Mensa; Kantine
mentire	lügen
mentre (→ K 63)	während
mercato	Markt
mercoledì (m.)	Mittwoch
merenda	Imbiss, Pausenbrot
mese (m.)	Monat
messa	Messe (Kirche)
metafisico	metaphysisch
metropolitana	U-Bahn
mettere (→ S. 164 f. /	legen, setzen, stellen
Part. Perf. messo)	
mettere in ordine	aufräumen
mettersi	anziehen
mezza	halb (Uhrzeit)
mezzanotte (f.)	Mitternacht
mezzo	Mittel (13 1, 26 4); halb
mezzi pubblici	öffentliche Verkehrs-
(m. Pl.)	mittel
mezzo di trasporto	Verkehrsmittel
mezzogiorno	Mittag
mezz'ora	halbe Stunde
mi (→ K 23, 24, 25)	mir; mich
migliorare	besser werden
migliore (→ K 37)	besser; bester, -e, -es
Milan (m.)	AC Mailand (Fußball-
	verein)
Milano	Mailand
miliardo	Milliarde
milione (m.)	Million
militare	militärisch, Militär-
minestra	Suppe
minuto	Minute
mio (→ K 39, 40)	mein; meiner, -e, -es
mobile (m.)	Möbel(stück), Schrank
moda	Mode
alla moda	modisch, nach der
	Mode
modella	Modell
Modigliani (Amedeo)	ital. Maler

189

Glossar

modo	Art und Weise
in modo	auf eine Art und Weise
moglie *(f.)*	(Ehe)frau
moltissimo	sehr; sehr viel(e)
molto *(Adj. / → K 41)*	viel(e)
molto *(Adv.)*	viel, sehr
molto da fare	viel zu tun
momento	Moment
mondo	Welt
monolocale *(m.)*	Einzimmerwohnung
monotono	eintönig
montagna	Gebirge, Berge; Berg (**46** 3)
monumento	Bauwerk, Denkmal
morire *(Part. Perf.* morto)	sterben
mortadella	*ital. Wurstspezialität*
morte *(f.)*	Tod
morto	tot
mostra	Ausstellung
moto *(f.)*	Motorrad
motorino	Moped
mozzarella	*ital. Käse*
multa	Geldstrafe
fare una multa a qualcuno	jemanden mit einer Geldstrafe belegen
municipio	Rathaus
muovere *(→ S. 164 f. / Part. Perf.* mosso)	bewegen
muro	Mauer
muscoloso	muskulös
museo	Museum
musica	Musik
musica classica	klassische Musik
musica rap	Rapmusik
musica rock	Rockmusik
musicale	Musik-
musicista *(m. + f.)*	Musiker(in)

N

napoletano	neapolitanisch
Napoli	Neapel
nascere *(→ S. 164 f. / Perf. Part.* nato)	zur Welt kommen, geboren werden
nascita	Geburt
nascondere *(Part. Perf.* nascosto)	verstecken
Natale *(m.)*	Weihnachten

nave *(f.)*	Schiff
navigare	surfen *(Internet)*
ne *(→ K 30)*	davon; darüber; dazu
né … né *(→ K 28)*	weder … noch
neanche *(→ K 28)*	auch nicht
necessario	notwendig
negozio	Geschäft
nemmeno *(→ K 28)*	nicht einmal
nero	schwarz
nervoso	nervös
nessuno *(→ K 28)*	niemand
neve *(f.)*	Schnee
nevicare	schneien
niente *(→ K 28)*	nichts
niente di bello	nichts Schönes
nipotino	Enkelchen
no *(→ K 27)*	nein; nicht
no comment	kein Kommentar
no?	nicht wahr?
noi *(→ K 6, 23, 24)*	wir; uns
a noi	uns
noia	Langeweile
che noia!	wie langweilig!
noioso	langweilig
nome *(m.)*	Name
non *(→ K 27, 28)*	nicht; kein
nonna	Großmutter
nonni *(m. Pl.)*	Großeltern
nonno	Großvater
nonostante *(→ K 63)*	obwohl
nostro *(→ K 39, 40)*	unser; unserer, -e, -es
notare	bemerken
notizia	Nachricht
notte *(f.)*	Nacht
di notte	nachts
nozze *(f. Pl.)*	Hochzeit
nozze d'oro *(f. Pl.)*	Goldene Hochzeit
numero	Nummer; Größe (**42** 3)
numero di telefono	Telefonnummer
nuovo	neu
di nuovo	noch einmal (**25** 3), schon wieder (**36** 4), wieder (**55** 2)

O

o	oder
occhiali *(m. Pl.)*	Brille

Glossar

occhio	Auge
oddio!	oh, Gott!
offerta	Angebot
offrire (→ S. 164 f. / Part. Perf. offerto)	anbieten; ausgeben, zahlen (Einladung) (5 3, 25 3, 27 2, 35 4)
oggetto	Gegenstand
oggetto d'antiquariato	Antiquität
oggi	heute
ogni (→ K 41)	jeder, -e, -es
Olanda	Holland
olio	Öl
ombrello	Regenschirm
opera	Oper
operaio	Arbeiter, Handwerker
operazione (f.)	Operation
oppure (→ K 63)	oder
ora	Stunde; Uhr(zeit); Zeit (26 4, 44 1); jetzt (18 3, 30 4, 39 1, 43 3)
a che ora?	um wie viel Uhr?
che ora è/ore sono?	wie spät ist es?
era ora	es war Zeit
per ore	stundenlang
orario	Zeitplan
in orario	pünktlich
orchidea	Orchidee
ordinato	ordentlich
ordine (m.)	Ordnung
orecchino	Ohrring
organizzare	organisieren
orientale	orientalisch
originale	originell
Ornella Muti	ital. Schauspielerin
oro	Gold
orologio	Uhr
oroscopo	Horoskop
orribile	schrecklich
ospedale (m.)	Krankenhaus
ospite (m. + f.)	Gast
ottenere (→ S.164 f.)	erhalten
ottimo	ausgezeichnet
otto	acht
ottobre	Oktober

P

pacchetto	Schachtel
pacco	Packung (22 3); Paket (56 1)
padre (m.)	Vater
paese (m.)	Land
pagare	(be)zahlen
paio	Paar
un paio (d'ore)	ein paar (Stunden)
palazzo	Wohnhaus
palestra	Turnhalle; Fitnessstudio
pallavolo (f.)	Volleyball
pallone (m.)	(Fuß)ball
pane (m.)	Brot
panetteria	Bäckerei
panino	Brötchen
panna	Sahne
panorama (m.)	Panorama
pantaloni (m. Pl.)	Hose
papà (m.)	Vati
parcheggiare	parken
parco	Park
parente (m. + f.)	Verwandter, Verwandte
parere	(er)scheinen
Parigi	Paris
parlare	sprechen, reden
parola	Wort
parrucchiere (m.)	Friseur
parte (f.)	Teil
da queste parti	in dieser Gegend
partecipare (a)	teilnehmen (an)
particolare	besonders, außergewöhnlich
partire	abfahren; wegfahren
partita	Spiel; Runde (14 1, 62 1)
fare una partita a carte	eine Runde Karten spielen
partita a calcio	Fußballspiel
Pasqua	Ostern
passante (m. + f.)	Passant(in)
passare	verbringen; vorbeifahren (45 3); reichen (49 4); weggehen (62 4)
passato	Vergangenheit
passeggiata	Spaziergang
fare una passeggiata	spazieren gehen

Glossar

pasta	Nudeln
pastiera	*neapolitanischer Oster-kuchen*
patata	Kartoffel
paura	Angst
avere paura	Angst haben, befürch-ten
pavimento	Fußboden
pazienza	Geduld
pazzesco	verrückt
pazzo	verrückt
che pazzi!	wie verrückt!
peccato!	schade!
essere un peccato	schade sein
pedigree *(m.)*	Stammbaum *(für Tiere)*
pelle *(f.)*	Leder
pendolino	*ital. Hochgeschwindigkeits-zug*
penna	Kugelschreiber
penne *(f. Pl.)*	*ital. Nudelsorte*
pensare (a)	denken (an)
penso di sì	ich glaube ja
pensione *(f.)*	Pension; Rente (**19** 2, **55** 2)
peperone *(m.)*	Paprika
per *(→ K 19)*	für; in; nach *(Richtung)*; wegen
per *(mit Infinitiv /* *→ K 19)*	um … zu
pera	Birne
perché *(→ K 63)*	weil
perché? *(→ K 42)*	warum?
perciò *(→ K 63)*	deshalb
perdere *(→ S. 164 f. /* *Part. Perf.* perso*)*	verlieren; verpassen (**34** 4, **45** 2)
perdita	Verlust
perfettamente *(Adv.)*	perfekt
pericoloso	gefährlich
perla	Perle
permesso	Erlaubnis
permettere *(→ S. 164 f.)*	erlauben
pernottare	übernachten
però	aber
persona	Person
persone *(f. Pl.)*	Menschen
pesante	schwer
pesare	wiegen
pescare	angeln

pesce *(m.)*	Fisch
pesto	*ital. Basilikumsoße*
pettinarsi	sich kämmen
pettine *(m.)*	Kamm
piacere *(m.)*	Gefallen
per piacere	bitte
piacere *(→ K 26,* S. 164 f. / Part. Perf. piaciuto*)*	gefallen, mögen
mi piace	es gefällt mir, ich mag es
piacevole	angenehm
piangere *(→ S. 164 f. /* *Part. Perf.* pianto*)*	weinen
piano	Stockwerk
pianoforte *(m.)*	Klavier
pianta	Pflanze
piatto	Teller; Gericht (**13** 4, **61** 3)
piatti *(m. Pl.)*	Geschirr
primo piatto	erster Gang
piazza	Platz
piccante	pikant, scharf
piccolo	klein; jung (**23** 2)
da piccolo	als er/sie klein war
picnic *(m.)*	Picknick
piede *(m.)*	Fuß
a piedi	zu Fuß
pieno	voll
pigro	faul
pinacoteca	Pinakothek
ping-pong *(m.)*	Tischtennis
pioggia	Regen
piovere	regnen
piscina	Schwimmbad
pittura	Malerei
pitturare	streichen
più *(→ K 28, 37, 38)*	mehr
di più	mehr; besser (**42** 1)
più grande	größer
il più grande	der Größte
pizza margherita	*Pizza-Variante mit Toma-ten, Mozzarella, Basili-kum und Olivenöl*
po'	wenig, bisschen
un altro po' (di)	noch etwas (von)
un po' (di)	ein wenig, ein bisschen
Po *(m.)*	*größter Fluss Italiens*

Glossar

poco	wenig
fra/tra poco	in Kürze, bald
poesia	Gedicht
poesia d'amore	Liebesgedicht
poi	dann
poiché	da, weil
polizia	Polizei
pollo	Huhn, Hähnchen
poltrona	Sessel
pomeriggio	Nachmittag
di pomeriggio	nachmittags
il pomeriggio	am Nachmittag, nachmittags
pomodoro	Tomate
popolare	populär, beliebt
porta	Tür
portafoglio	Geldbeutel
portare	tragen; anhaben (**13** 4, **16** 2, **31** 4, **41** 3, T4); bringen (**18** 2, **24** 1, T2, **35** 3, **49** 2, **50** 3); mitbringen (**40** 3); mitnehmen (**47** 4)
possedere	besitzen
possibile *(m.)*	(das) Mögliche
possibile	möglich
possibilità	Möglichkeit
posta	Post
postale	Post-
posto	Stelle
al posto tuo/tuo posto	an deiner Stelle
potere (→ K 9, *S. 166 f.*)	können; dürfen
pranzare	zu Mittag essen
pranzo	Mittagessen
preferire (-*isc*-)	lieber mögen, vorziehen, bevorzugen
preferito	Lieblings-
pregiato	hochwertig
prego	bitte
premio	Preis *(Gewinn)*
prendere (→ *S. 166 f.* / *Part. Perf.* preso)	nehmen; holen (**52** 3); abholen (**62** 1); zu sich nehmen (**18** 2, **35** 1)
prendere una multa	einen Strafzettel bekommen
prenotare	reservieren; buchen (**17** 2)
prenotazione *(f.)*	Reservierung

preoccuparsi	sich Sorgen machen
preparare	machen, zubereiten *(Speisen/Getränke)*; vorbereiten (**37** 2, **41** 3)
prepararsi	sich fertig machen
preparato	(gut) vorbereitet
prestare	(aus)leihen
prestito	Darlehen
presto	früh
al più presto	so bald wie möglich
prezioso	wertvoll
prezzo	Preis *(Kaufpreis)*
prima	zuerst; früher (**43** 3, **43** 4, **44** 2, **45** 2, T4, **62** 3)
prima che (→ *K 63*)	bevor
prima di	vor; bevor
prima o poi	früher oder später
primo	erster, -e, -es
principale	Haupt-
probabile	wahrscheinlich
problema *(m.)*	Problem
prodotto	Produkt
produrre (→ *S. 166 f.* / *Part. Perf.* prodotto)	produzieren, herstellen
professore *(m.)*	Professor, Lehrer
professoressa	Professorin, Lehrerin
profumato	duftend, wohlriechend
programma *(m.)*	Programm; (Lehr)stoff (**47** 1)
promozione *(f.)*	Beförderung
dare una promozione	befördern
promuovere *(Part. Perf.* promosso)	befördern *(Beruf)*; versetzen *(Schule)*
pronto!	hallo! *(am Telefon)*
proposta	Vorschlag
proprio *(Adv.)*	wirklich; ausgerechnet (**23** 3); nur (**46** 2)
lavorare in proprio	selbstständig arbeiten
non … proprio	überhaupt nicht
prosciutto	Schinken
prosciutto di Parma	Parmaschinken
prossimo	nächster, -e, -es
provare	anprobieren; (aus)probieren (**25** 4); kosten (**46** 2); versuchen (**49** 2)

193

Glossar

provincia	Provinz *(Verwaltungsein-heit in Italien)*
pseudonimo	Pseudonym
psicologo	Psychologe
pubblicare	veröffentlichen
pubblico	öffentlich
pulire *(-isc-)*	putzen
pulirsi *(-isc-)*	sich putzen
pullover *(m.)*	Pullover
pure *(→ K 63)*	auch; ruhig (**52** 3, **52** 4, T4)
purtroppo	leider

Q

qua	hier
quaderno	Heft
quadro	Bild, Gemälde
a quadri	kariert
qualche *(→ K 41)*	einige
qualche volta	manchmal
qualcosa	etwas
qualcuno	jemand
quale (il quale) *(→ K 46)*	welcher, -e, -es; der, die, das
qual(e)? *(→ K 42)*	welcher, -e, -es?
quando *(→ K 63)*	(immer) wenn; als
da quando	seitdem
quando? *(→ K 42)*	wann?
quanto *(→ K 37)*	wie
quanto? *(→ K 42)*	wie viel?
quante volte?	wie oft?
quanti anni?	wie alt?
quanti anni compi?	wie alt wirst du?
quartiere *(m.)*	(Stadt)viertel
quarto	Viertel
quattro	vier
quello *(→ K 32)*	jener, jene, jenes; der, die, das dort
quello che	das, was
questo *(→ K 31)*	dieser, diese, dieses
per questo	deshalb, aus diesem Grund
qui	hier
di qui	aus dieser Gegend
quindi *(→ K 63)*	deshalb
quinto	fünfter, -e, -es

R

raccogliere	sammeln
raccontare	erzählen
racconto	Erzählung
radio *(f.)*	Radio
ragazza	Mädchen, Jugendliche, junge Frau; Freundin, Partnerin
la mia ragazza	meine (feste) Freundin
ragazzo	Junge, Jugendlicher, junger Mann; Freund, Partner
da ragazzo	als Junge/Jugendlicher
il mio ragazzo	mein (fester) Freund
ragione *(f.)*	Recht
avere ragione	recht haben
rapinatore *(m.)*	Räuber
raramente *(Adv.)*	selten
razionalmente *(Adv.)*	rational
recitare	aufsagen, vortragen
record *(m.)*	Rekord
regalare	schenken
regalo	Geschenk
regione *(f.)*	Region
regista *(m. + f.)*	Regisseur(in)
regola	Regel
regolare	regelmäßig
restare	bleiben
restituire *(-isc-)*	zurückgeben
riappacificarsi	sich wieder versöhnen
ricco	reich
ricercato	Gesuchter
ricetta	Rezept
ricevere	erhalten
ricordare	erinnern
ricordarsi	sich erinnern
ridere *(→ S. 166 f. / Part. Perf. riso)*	lachen
rifiutare	ablehnen
riga	Streifen, Linie
a righe	gestreift
rilassante	erholsam
rilassarsi	sich entspannen
rimandare	verschieben
rimanere *(→ K 10, S. 166 f. / Part. Perf. rimasto)*	bleiben; übrig bleiben (**41** 4)
rimanere fermo	stehen bleiben

Glossar

rinunciare	verzichten
riparare	reparieren
riparazione *(f.)*	Reparatur
ripetere	wiederholen
riportare	zurückbringen
riposarsi	sich erholen, sich ausruhen
riprendersi	sich erholen, genesen
riscaldamento	Heizung
risolvere *(Part. Perf.* risolto)	lösen
rispondere (→ S. 166 f. / *Part. Perf.* risposto)	antworten
risposta	Antwort
ristorante *(m.)*	Restaurant
ristrutturare	renovieren
risultato	Ergebnis
ritardo	Verspätung
in ritardo	zu spät, mit Verspätung
ritirare	abholen
ritornare	zurückkommen, wieder kommen
ritorno	Rückkehr
al ritorno	bei der Rückkehr
riunione *(f.)*	Treffen, Versammlung
riuscire (a) (→ K 10, S. 166 f.)	gelingen, etwas schaffen
rivedere *(Part. Perf.* rivisto)	wiedersehen
rivista	Zeitschrift
Roma	Rom
romanzo	Roman
rompersi *(Part. Perf.* rotto)	kaputtgehen
rosa	Rose
rosso	rot
rotto	kaputt
rubare	stehlen
rumoroso	laut
ruota	Reifen
ruota bucata	Reifenpanne
S	
sabato	Samstag
il sabato	am Samstag, samstags
sacco	Haufen
un sacco	wahnsinnig

un sacco di	eine (große) Menge, ein Haufen
un sacco di tempo	wahnsinnig lange
sala	Saal, Raum
sala da pranzo	Esszimmer, Speisesaal
salame *(m.)*	Salami
salire (→ S. 167 f.)	(hinauf)steigen; hoch-fahren (**36** 2)
salmone *(m.)*	Lachs
salotto	Wohnzimmer
saltare	springen
San Silvestro	Silvester
sapere (→ K 9, 45, S. 166 f.)	können; wissen; erfahren
fare sapere	wissen lassen
sapore *(m.)*	Geschmack
Sardegna	Sardinien
sarta	Schneiderin
sbagliarsi	sich täuschen
sbaglio	Fehler
sbrigarsi	sich beeilen
scacchi *(m. Pl.)*	Schach *(Spiel)*
scala	Treppe
scambiarsi	austauschen
scandalo	Skandal
scappare	abhauen
scarpa	Schuh
scatola	Schachtel
scegliere (→ K10, S. 168 f. / *Part. Perf.* scelto)	wählen
scendere (→ S. 168 f. / *Part. Perf.* sceso)	aussteigen; hinuntergehen (**36** 3, **44** 3)
scendere di corsa	hinunterrennen
schema *(m.)*	Schema
scherzo	Scherz
schiena	Rücken
sciare	Ski fahren
scioccato	schockiert
sciopero	Streik
scommettere	wetten
scoprire (→ S. 168 f. / *Part. Perf.* scoperto)	entdecken
scorso	vergangen, letzter, -e, -es
scrivania	Schreibtisch
scrivere (→ S. 168 f. / *Part. Perf.* scritto)	schreiben

Glossar

scudetto	Meistertitel (*ital. Fußball*)
scultura	Bildhauerei
scuola	Schule
scuola elementare	Grundschule
scuro	dunkel
scusa	Ausrede
scusare	entschuldigen
scusa!	entschuldige!
scusi!	entschuldigen Sie!
se (→ K 62)	wenn, falls (*konditional*); ob (*indirekt*)
sebbene (→ K 63)	obwohl
seccarsi	verdorren
secco	vertrocknet
secondo	nach der Meinung von …; zweiter Gang (**49** 1)
secondo me	meiner Meinung nach
sedere (→ K 10, S. 168 f.)	sitzen
sedersi	sich setzen
sedia	Stuhl
segretaria	Sekretärin
seguire	besuchen; (ver)folgen (**23** 3)
sei	sechs
sembrare	scheinen, den Anschein haben, aussehen
semestre (*m.*)	Semester
sempre	immer; immer noch
sensibile	sensibel
sentire	hören
senti!	hör mal!
sentirsi	sich fühlen
senza	ohne
sera	Abend
la sera	am Abend, abends
serata	Abend (*Verlauf*)
serio	ernst
servire	brauchen
mi serve	ich brauche
servirsi	sich bedienen
set (*m.*)	Set, Satz
seta	Seide
sete (*f.*)	Durst
sette	sieben
settembre	September
settimana	Woche

sfilata	Modenschau
shampoo	Shampoo
sherry (*m.*)	Sherry
si (→ K 11, 12)	man; sich
sì	ja
sia … sia/che (→ K 63)	sowohl … als auch
siamese	siamesisch
siccome (→ K 63)	da, weil
Sicilia	Sizilien
sicuramente (*Adv.*)	bestimmt
sicuro	sicher
sigaretta	Zigarette
signor(e)	Herr
signora	Frau
signori (*m. Pl.*)	Herr und Frau; (meine) Dame(n) und (mein) Herr(en) (**30** 3, **39** 4, **53** 2, T4)
signorina	Fräulein
silenziosamente (*Adv.*)	still, ruhig
simpatico	sympathisch
sincero	aufrichtig, ehrlich
sintetico	aus synthetischen Materialien
situazione (*f.*)	Situation
smettere (→ S. 168 f.)	aufhören
soffrire	leiden
soldi (*m. Pl.*)	Geld
sole (*m.*)	Sonne
solito	gewohnt, üblich
come al solito	wie gewöhnlich
di solito	(für) gewöhnlich
sollevare	heben
solo	nur; erst (**64** 3)
da solo	allein
soluzione (*f.*)	Lösung
sopportare	ertragen
soprattutto	besonders
sorella	Schwester
sorellina	Schwesterchen
sorpresa	Überraschung
che sorpresa!	was für eine Überraschung!
sostenere	ablegen
sotto	unter (**8** 3); unten (**15** 3)
spaghetti (*m. Pl.*)	Spaghetti

Glossar

spaghetti alla carbonara	Spaghetti mit Speck und Eiern	come sta?	wie geht es Ihnen?
Spagna	Spanien	come stai?	wie geht es dir?
spagnolo	Spanisch *(Sprache)*; spanisch (**6** 2, **10** 4)	stare bene	gut gehen (*im Sinne von* es geht … gut); gut stehen (*Kleidung*)(**50** 2)
specchio	Spiegel		
speciale	besonders; besonderer, -e, -es	stare per (fare qualcosa) (→ *K 56*)	im Begriff sein (etwas zu tun)
specializzato	spezialisiert, Fach-	stasera	heute Abend
spedire *(-isc-)*	verschicken	Stati Uniti	Vereinigte Staaten
spegnere (→ *S. 168 f. / Part. Perf.* spento)	ausschalten	stazione *(f.)*	Bahnhof
		stesso	der-, die-, dasselbe
spendere	ausgeben	la stessa cosa	dasselbe
sperare	hoffen	lo stesso	trotzdem
spesa	Einkauf	stipendio	Gehalt
fare la spesa	einkaufen	stirare	bügeln
spesso	oft	stivale *(m.)*	Stiefel
spettacolo	Aufführung, Vorstellung	Stoccarda	Stuttgart
spiaggia	Strand	storia	Geschichte
andare in spiaggia	an den Strand gehen	fare storie	Zicken machen
spiegare	erklären	storia di fanta-scienza	Science-Fiction-Geschichte
splendido	wunderbar, herrlich, prächtig	strada	Straße
		straniero	ausländisch, fremd
sponsorizzare	sponsern	strano	seltsam
sporco	dreckig	stressato	gestresst
sport *(m.)*	Sport; Sportarten *(im Plural)*	strudel *(m.)*	Strudel *(Mehlspeise)*
		studente *(m.)*	Student; Schüler (T1, **13** 1)
sportivo	sportlich	studiare	lernen; studieren (T1, **28** 3, **42** 3)
sposare	heiraten		
sposarsi	heiraten	studio	Büro; Arbeitszimmer; Studium (**19** 3)
sposato	verheiratet		
spostare	umparken (**25** 1); verschieben (**53** 2, **64** 2)	borsa di studio	Stipendium
		studio legale	Rechtsanwaltskanzlei
spumante *(m.)*	Sekt	studioso	fleißig, eifrig
spuntino	Imbiss *(Mahlzeit)*	su (→ *K 19*)	auf; in; hoch
squisito	köstlich	su e giù	hoch und runter
stadio	Stadion	su!	komm!, los!
stagione *(f.)*	Jahreszeit	subito	sofort
stamattina	heute Morgen	succedere (→ *S. 168 f. / Part. Perf.* successo)	geschehen, passieren
stancante	ermüdend		
stancarsi di qualcuno	jemanden satthaben	sud *(m.)*	Süden
stanco	müde	sugo	Soße
stanco morto	todmüde	suo (→ *K 39, 40*)	sein; ihr; seiner, -e, -es; ihrer, -e, -es
stanotte	heute Nacht		
stanza	Zimmer	Suo (→ *K 39, 40*)	Ihr; Ihrer, -e, -es
stare (→ *K 10, S. 168 f. / Part. Perf.* stato)	bleiben; sein; stehen	suocera	Schwiegermutter

197

Glossar

suoceri *(m. Pl.)*	Schwiegereltern
suonare	spielen *(Instrument)*; musizieren (**61** 4)
suonare la batteria	Schlagzeug spielen
superare	bestehen
supermercato	Supermarkt
supporre	annehmen
suppongo	ich nehme an
surrealista	surrealistisch
Susanna Tamaro	*ital. Schriftstellerin*
svedese *(m.)*	Schwede
svegliare	wecken
svegliarsi	aufwachen
Svizzera	Schweiz
svizzero	schweizerisch

T

tabaccheria	Tabakladen
tacco	Absatz *(Schuh)*
tacchi alti	hohe Absätze
tagliare	schneiden
tagliarsi	sich schneiden
Tailandia	Thailand
tango	Tango
tanto *(Adj. / → K 41)*	(so) viel
tanto *(Adv.)*	(so) sehr, (so) viel
tanto che	solange bis
tappeto	Teppich
tardi	spät
più tardi	später
tassa	Steuer
tavolo	Tisch
tazza	Tasse
te *(→ K 23, 24, 25)*	dich
a te	dir
tè *(m.)*	Tee
teatro	Theater
tecnico	Fachmann, Techniker
telecamera	Videokamera
telefonare (a)	anrufen; telefonieren (**56** 1)
telefonata	Anruf, Telefongespräch
telefonino	Handy
telefono	Telefon
televisione *(f.)*	Fernsehen
televisore *(m.)*	Fernseher
tema *(m.)*	Thema
temere	befürchten

tempo	Zeit; Wetter (**14** 1; **16** 2; **59** 4)
ai tempi di	zu Zeiten von
fa bel tempo	es ist schönes Wetter
in tempo	rechtzeitig
tempo libero	Freizeit
tenere *(→ S. 168 f.)*	halten
tenere (a)	Wert legen (auf)
tennis *(m.)*	Tennis
terribile	schrecklich
terzo	dritter, -e, -es
tessuto	Stoff
testa	Kopf
testimone *(m. + f.)* di nozze	Trauzeuge, Trauzeugin
ti *(→ K 23, 24, 25)*	dir; dich
ti va (di) …?	hast du Lust (zu) …?, magst du …?
timido	schüchtern
tipico	urig (**7** 3); typisch (**16** 3)
tipo	Typ, Kerl
Torino	Turin
tornare	zurückkommen, zurückkehren, zurückfahren
torre *(f.)*	Turm
torre degli Asinelli	Asinelli-Turm *(Sehenswürdigkeit in Bologna)*
torta	Torte
tortellini *(m. Pl.)*	gefüllte Teigtaschen
Toscana	Toskana *(ital. Region)*
tosse *(f.)*	Husten
tra *(→ K 19)*	zwischen; in *(zeitlich)*
tra poco	in Kürze, bald
tradire *(-isc-)*	betrügen
tradurre	übersetzen
traffico	Verkehr
tramezzino	*ital. Sandwich*
tranquillo	ruhig
trascorrere *(→ S. 168 f. / Part. Perf. trascorso)*	verbringen
trasferirsi	umziehen *(in eine andere Stadt)*
trasporto	Transport, Verkehr
traversa	Querstraße
tre	drei
treno	Zug

Glossar

triste	traurig
tropicale	tropisch
troppo *(Adj. / → K 41)*	zu viel
troppo *(Adv. / → K 15)*	zu, zu viel, zu sehr
trovare	finden; vorfinden (**47** 4)
andare a trovare	besuchen
venire a trovare	besuchen (kommen)
trovarsi	sich befinden
trovarsi bene	sich wohlfühlen
tu *(→ K 6)*	du
tulipano	Tulpe
tuo *(→ K 39, 40)*	dein; deiner, -e, -es
Turchia	Türkei
turista *(m. + f.)*	Tourist(in)
tutto *(→ K 41)*	all-, ganz; alles
di tutto	alles mögliche
tutta la notte/sera	die ganze Nacht/den ganzen Abend
tutti	alle
tutti i giorni	jeden Tag
tutto il giorno/ tempo	den ganzen Tag/die ganze Zeit
TV (tivu) *(f.)*	Fernsehen

U

uccello	Vogel
uccidere *(→ S. 168 f. / Part. Perf.* ucciso*)*	töten, umbringen
uffa	uff *(Ausruf)*
ufficio	Büro
ufficio postale	Postamt
ultimo	letzter, -e, -es
Umberto Eco	*ital. Schriftsteller*
Umbria	Umbrien *(ital. Region)*
un *(→ K 5)*	ein
un' *(→ K 5)*	eine
una *(→ K 5)*	eine; eins *(Uhrzeit)* (**11** 2)
all'una	um ein Uhr
unico	einzigartig, einmalig
università	Universität
universitario	Universitätsstudent
uno *(→ K 5, 20)*	ein; eins
uomo *(Pl.* uomini*)*	Mann
uovo *(Pl.* uova*)*	Ei
urgentemente *(Adv.)*	dringend
usare	benutzen, verwenden

uscire *(→ K 10, S. 170 f.)*	ausgehen; aus dem Haus gehen
utile	nützlich
uva	Traube(n)

V

va bene!	gut!, alles klar!
vacanza	Urlaub
andare in vacanza	in Urlaub gehen/fahren
vacanze *(f. Pl.)*	Ferien; Urlaub
vacanze estive	Sommerferien
vagone letto	Schlafwagen
valigia	Koffer
fare la valigia	den Koffer packen
vasetto	kleines Glas
vaso	Vase
vecchio	alt
vedere *(→ S. 170 f. / Part. Perf.* visto*)*	sehen, anschauen
fare vedere	zeigen
vedere la TV	fernsehen
vedersi	sich sehen, sich treffen
veloce	schnell
vendere	verkaufen
Venezia	Venedig
venire *(→ K 10, 64, S. 170 f. / Part. Perf.* venuto*)*	kommen; werden
venire a prendere	abholen (kommen)
venire a trovare	besuchen (kommen)
venti	zwanzig
vento	Wind
veramente *(Adv.)*	wirklich; eigentlich (**3** 3, **35** 4, **39** 4)
verde	grün
verdura	Gemüse
verità	Wahrheit
vero	wahr
…, vero?	…, nicht wahr?
verso	gegen *(zeitlich)*
vestire	sich kleiden
vestirsi	sich anziehen; sich kleiden
vestito	Kleid
vetrina	Schaufenster
vetro	Fensterscheibe
vi *(→ K 23, 24, 25)*	euch; Sie; Ihnen
viaggiare	fahren; reisen (T1)

Glossar

viaggio	Reise
vicino	Nachbar
vicino	in der Nähe; nah
lì vicino	dort in der Nähe
vicino a	in der Nähe von; neben
vicino a casa mia	bei mir (zu Hause) in der Nähe
Vienna	Wien
villa	Villa
villetta	kleine Villa
vincere (→ S. 170 / Part. Perf. vinto)	gewinnen
vino	Wein
violento	gewalttätig
violino	Geige
visita	Besuch
visitare	besuchen; besichtigen (**44** 3)
vista	Sicht, Blick
vista sul mare	Blick aufs Meer
vita	Leben
vivace	lebhaft
vivere (→ S. 170 f.)	leben
vocabolario	Wörterbuch
voglia	Lust
avere voglia di (fare qualcosa)	Lust haben (etwas zu tun)
voi (→ K 6, 23, 24)	ihr; euch; Sie
a voi	euch; Ihnen
volentieri	gerne
volere (→ K 9, S. 170 f.)	wollen
volere bene	lieb haben

volo	Flug
volta	Mal
a volte	manchmal
ogni volta che	jedes Mal, wenn
qualche volta	manchmal
un'altra volta	ein anderes Mal
una volta	einmal
vorrei (*von* volere / → K 48, 49)	ich möchte
vostro (→ K 39, 40)	euer; eurer, -e, -es
votare	wählen

Y

yogurt (*m.*)	Joghurt

Z

zafferano	Safran
zaino	Rucksack
zia	Tante
zii (*m. Pl.*)	Onkel und Tante
zio	Onkel
zitto	still
stare zitto	still sein
zona	Gegend
zoo	Zoo
Zucchero	*ital. Sänger*
zucchero	Zucker
zucchina/zucchino	Zucchini
zuppa	Suppe
Zurigo	Zürich